ADAC

W0469638

Kreta

von Klio Verigou

ADAC Top Tipps

Das müssen Sie gesehen haben! Die zehn Top Tipps bringen Sie zu den absoluten Highlights.

ADAC Empfehlungen

Unterwegs gut beraten: Diese 25 ausgesuchten Empfehlungen machen Ihren Urlaub perfekt.

Preise für ein DZ mit Frühstück:
€ | bis 70 €
€€ | bis 150 €
€€€ | ab 150 €

Preise für ein Hauptgericht:
€ | bis 10 €
€€ | bis 15 €
€€€ | ab 15 €

3-mal draußen

1 Schluchtenwanderungen

Eine schöne Alternative zu Kretas berühmten und somit auch überlaufenen Schluchten ist z.B. die 5 km lange, von Platanen, Oleander und Efeu bewachsene Ríchtis-Schlucht im Nordosten – zwischen Móchlos und Sitía. Sie führt über Pfade, Felsen, Stufen und eine Steinbrücke vom Dorf Éxo Moulianá ans Meer. Highlight ist ein 20 m hoher Wasserfall, dessen Teich zur Abkühlung lockt.

■ Einstieg: Éxo Moulianá (ausgeschildert). Festes Schuhwerk!

2 Die Küste entlangschippern

Touren mit kleineren Motorbooten sind ideal, um Kretas Küste auch mal aus einer anderen Perspektive kennenzulernen. Das geht nicht nur mit Skipper, sondern auch auf eigene Faust. Motorboote bis 30 PS darf man auf Kreta nämlich auch ohne Führerschein mieten. Wer sich traut, ist nach der kurzen Einweisung selbst Kapitän und kann sich ein schönes Plätzchen auf dem Wasser oder in einer einsamen Bucht suchen. Mein Tipp: eine Tour entlang der Küstenabschnitte der Region Chaniá.

■ www.notosmare.com

3 Auf Fischfang gehen

Warum sollte man das Fischgericht des Tages eigentlich nicht »einfach« mal selbst angeln? In verschiedenen Regionen der Insel werden dafür spezielle Touren angeboten, ein ganz außergewöhnliches Abenteuer. Die Angelausrüstung wird meist gestellt. Eine Ganztagestour inklusive Angeln, Badestopp und Mittagessen wird schon seit Jahren von Agía Galíni aus offeriert. Doch auch ab Chaniá, Kastélli Kissámou und Elounda kann man selbst auf Fischfang gehen.

■ Anbieter: www.gogalini.com/elizabeth-fishing-trip, www.seazetheday.gr, www.fishingtripselounda.gr

Intro

ADAC Quickfinder

Hier finden Sie die Orte, Sehenswürdigkeiten und Attraktionen, die perfekt zu Ihnen passen.

Unterwegs

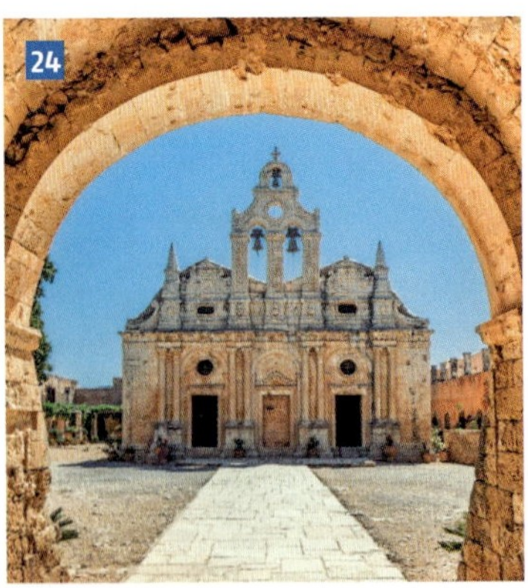
24

37

Zu diesen Orten und Sehenswürdigkeiten finden Sie Detailkarten im Innenteil des Reiseführers.

Service

Alle wichtigen reisepraktischen Informationen – von der Anreise über Notrufnummern bis hin zu den Zollbestimmungen.

Umschlag:

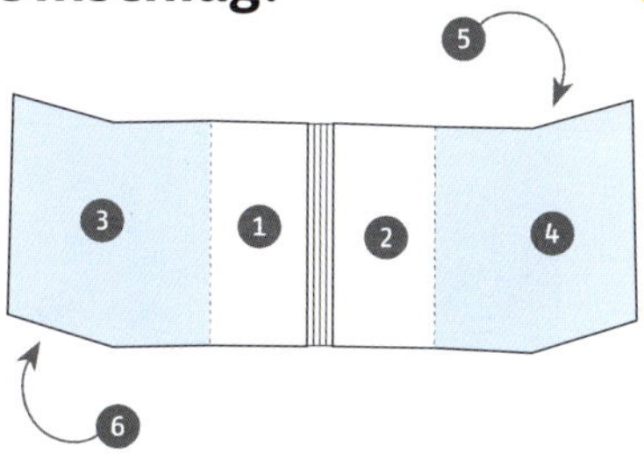

ADAC Top Tipps: Vordere Umschlagklappe, innen 1

ADAC Empfehlungen: Hintere Umschlagklappe, innen 2

Übersichtskarte Kreta West: Vordere Umschlagklappe, innen 3
Übersichtskarte Kreta Ost: Hintere Umschlagklappe, innen 4
Stadtplan Iráklio: Hintere Umschlagklappe, außen 5
Ein Tag in Iráklio: Vordere Umschlagklappe, außen 6

Berge, Strände und mehr: Griechenlands Inselschöne

Die vielfältige Schönheit Kretas wusste wohl schon Göttervater Zeus zu schätzen, der hier in einer Höhle geboren worden sein soll

Stille Strände findet man bei der Streusiedlung Xerókambos ganz im Südosten der Insel

Lust auf eine Weltreise? Hin zu karibisch anmutenden Stränden, Palastruinen und antiken Städten, auf fruchtbare Hochebenen inmitten von schneebedeckten Bergen, zu schroffen Canyons und Wallfahrtsorten des frühen Christentums? All das finden Sie nur drei Flugstunden von Mitteleuropa entfernt auf einer einzigen Insel: auf Kreta, einem so eigenwilligen wie facettenreichen Mikrokosmos mit einer alpin anmutenden Bergwelt, umspült von einem in allen Blautönen schimmernden Meer.

Vom Mythos zum Urlaubsparadies

Göttervater Zeus entführte – als Stier verwandelt – die phönizische Prinzessin Europa auf seine Geburtsinsel und zeugte mit ihr unter einer Platane Sohn Minos. Dieser wurde Herrscher über

Kreta, sein Volk bekam den Namen Minoer. Als früheste Hochkultur auf europäischem Boden haben sie Geschichte geschrieben.
Und Zeus? Wäre er nicht eine Sagengestalt, so wäre er gewiss stolz auf seinen Sprössling, den ersten Bürger Europas, der die minoische Kultur und auf diese

Weise auch die Insel Kreta weltweit bekannt gemacht hat.
Heute, rund 3500 Jahre später, ist Kreta – etwa 260 km lang und bis zu 60 km breit – ein fasziniendes Urlaubsparadies. Entdecken kann man dort viel, Hauptsache, man ist mobil. Wollen Sie lieber zum Strand oder in die Berge? Sich beim Sport auspowern oder auf den Spuren der Geschichte wandeln? Am Ende wird es oft ein einfaches Ziel wie die Platía (Platz) eines Dorfes, wo man im traditionellen Kaffeehaus, dem »kafenío«, einen Plausch mit Einheimischen führen und – wie die Kreter auch – einfach die Zeit vergessen kann.
Will man mehr über Land und Leute erfahren, so sollte man in ein Bergdorf fahren. Die Kreter gelten als ein besonders gastfreundliches Volk. Nach einem oder zwei gemeinsamen Raki, dem inseltypischen Tresterschnaps, wird man schnell Teil der »paréa«, der Gruppe, mit der man dann gern über Gott und die Welt schwadroniert.

Glaube und Alltag im Moní Píso Préveli (unten) – beeindruckendes Naturerlebnis in der Samariá-Schlucht (ganz unten)

Der Weg ist das Ziel

Eine mehr als 1000 km lange Küste, gesäumt von Ägäis und Libyschem Meer, verspricht Strände für jeden Geschmack. Absolute Highlights sind die exotischen Lagunen Elafoníssi und Bálos sowie die Palmenstrände Préveli und Vái. Im Binnenland zeigt sich Kreta mit einer imposanten Gebirgswelt und dem höchsten Berg, dem 2456 m hohen Psilorítis, ganz anders. Die Gebirgszüge werden von Hochebenen durchbrochen. Viele Schluchten und die Ausläufer der Berge im Süden locken im Frühjahr wie im Herbst zu Wanderungen, begleitet von Aromen des endemischen Díktamos, von Thymian und Rosmarin. Bei Wanderungen gehört auch die Badebekleidung mit ins Gepäck. Denn viele Wanderwege führen durch die Berge bis ans Meer, so auch die berühmte Samariá-Schlucht.

> *»Wenn ich wieder geboren würde, so möchte ich das Licht auf diesem Fleckchen Erde wiedersehen. Hier gibt es einen unbezwingbaren Zauber.«*
>
> *Níkos Kazantzákis, kretischer Schriftsteller*

Kreta verstehen – Kultur pur

Die Geschichte, viele Jahrhunderte lang bestimmt von Fremdherrschern, hat nicht nur den freiheitsliebenden Charakter der Kreter bestimmt, sondern auf der ganzen Insel sehenswerte Zeugnisse hinterlassen. Wer sich auf die Spuren von Zeus begibt, kann in den Tropfsteinhöhlen Diktéon Ándron und Melidóni in seine Kinderschuhe treten. Die minoische Kultur erlebte zwischen 1700 und 1450 v. Chr. ihre Blütezeit. Ihr berühmtestes Erbe ist der

Gramvoússa, Festungsinsel mit Piratenflair und schönem Strand

Palast von Knossós. Die Paläste Festós, Mália und Zákros, Nekropolen und der Landsitz Agía Triáda wurden nicht rekonstruiert. Die eindrucksvollste Sammlung minoischer Kunst birgt das Archäologische Museum von Iráklio.

Auch die Antike hat Kreta geprägt, etwa in Górtis mit dem ältesten Gesetzeskodex Europas. Immer wieder präsent sind zudem die Zeugnisse aus der byzantinischen Epoche, die im Jahr 395 begann. Einige, wie die herausragende Kirche Panagía i Kerá im Dorf Kritsá, weisen noch uralte Fresken auf.

Liebhaber alter Kirchen können sich auf Kreta kaum sattsehen: Dazu gehören Bauten aus venezianischer Zeit, etwa die Klöster Arkádi und Toploú. In den Städten, besonders in Chaniá und Réthimno, errichteten die Venezianer Stadtpaläste und auf den vorgelagerten Inseln wehrhafte Festungen.

Die Osmanen, die Kreta ab 1645 beherrschten, bauten vieles um. Orientalisches Flair ist heute vorwiegend in Réthimno lebendig, nach der Befreiung 1898 zerstörten die Kreter viele osmanische Bauten.

Städte, Dörfer und gutes Essen

Auch abseits von Stränden und Bergen findet jeder seinen Lieblingsplatz: Iráklio begeistert als Inselhauptstadt mit quirligem Leben, Chaniá und Réthimno mit bildschöner Architektur, Ágios Nikólaos, Sitía und Ierápetra mit charakteristischem Kleinstadtflair.

Kulinarische Gaumenfreuden genießt man in einfachen Tavernen genauso wie in den edlen Feinschmeckerrestaurants, darunter variantenreiche »mezédes« (kleine, tapasartige Portionen), geschmortes Fleisch, vegetarische Hausmannskost, gegrillter Fisch sowie mediterrane Gerichte mit Pfiff.

Hauptstadt *Iráklio*

Sprache *Griechisch*

Währung *Euro*

Staatsform *Parlamentarische Republik*

Fläche *8261 km², damit ist Kreta – die größte Insel Griechenlands und die fünftgrößte im Mittelmeer – etwa halb so groß wie Thüringen.*

Küstenlänge *1046 km*

Einwohner *617 000*

Bevölkerungsdichte *74,73 Einw. pro km², rund dreimal weniger als der deutsche Durchschnitt (232)*

Kretas Exportschlager *Olivenöl*

Tourismus *Kretas wichtigster Wirtschaftszweig – mit zuletzt mehr als 4 Mio. Besuchern*

Religion *Fast 100 % der Kreter sind griechisch-orthodox.*

Schafe und Ziegen *Über 1,5 Mio. Schafe und fast 600 000 Ziegen wurden zuletzt auf Kreta gezählt – macht 3,4 pro Einw.*

Das lieben die Kreter *Den Tresterschnaps Raki – nicht wundern, wenn man schon vormittags zu einem eingeladen wird.*

Bekanntes Sprichwort *»Den Stier bei den Hörnern packen«. Dem Mythos zufolge bändigte Herakles hier den kretischen Stier, den Vater des Minotaurus.*

Das will ich erleben

Strände und Schluchten, Kunst und Kultur, Szenetreffs und urige Dörfer, schlichtes Tavernenidyll sowie edle Feinschmeckertempel – Kreta ist eine Insel der Kontraste und bietet viele unvergessliche Momente für jeden Geschmack. Hier gilt es, das Leben zu entdecken, die 3500 Jahre alte Kultur der Minoer, die gelebte Tradition in den Dörfern und den modernen Lifestyle des 21. Jh. in den Städten. Bei all dem kommt natürlich auch der Genuss nie zu kurz: Das gilt für die kulinarischen Erlebnisse, die Kreta zu bieten hat, für den Besuch von Kunsthandwerkern – und für die schönen Tage am Strand wie in den Bergen.

Europas erste Hochkultur

Die Minoer haben ein bedeutendes kulturelles Erbe auf Kreta hinterlassen. Wie sie vor rund 3500 Jahren lebten, erzählt bunt rekonstruiert ihre größte Palastanlage Knossós. Wie sie ihre Räume schmückten oder welches Geschirr sie nutzten, zeigt in Iráklio das Archäologische Museum. Nicht rekonstruiert in reizvoller Lage: Festós und Gourniá.

Paradiesische Strände

Still und einsam oder quirlig und sportlich? Hier findet jeder seinen Lieblingsstrand. Palmengesäumt in der weiten Sandbucht von Vái und vor dem Canyon von Préveli, exotisch in den Lagunen von Elafoníssi und Bálos.

Natur pur zwischen Felswänden

In Kretas Gebirgswelt schlägt das Wandererherz höher. Ein Paradies für Naturfreunde sind die imposanten Canyons, die am Ende der Samariá-Schlucht oder beim Tal der Toten sogar mit einem Sprung ins Meer locken. Eine Wanderung durch die Ímbros-Schlucht macht auch Kindern Spaß.

Kreative kretische Küche

Immer mehr Wirte legen Wert darauf, aus dem kretischen Essen ein Erlebnis zu machen. Mit Leidenschaft gestalten sie Restaurants und Tavernen, mal traditionell, mal mit einer modernen Note. Das gilt auch für den Anspruch der Köche: klassische Rezepte, verfeinert und originell angerichtet, die nur so strotzen vor Geschmack!

Liebenswerte private Museen

Neben den Museen von Staat, Kirche, Forschungseinrichtungen und örtlichen Kulturvereinen gibt es auf Kreta auch private Museen. Oft verstecken sie sich in Dörfern, zeigen Dinge, die ihre Gründer selbst gesammelt haben, und sie spiegeln den Hang der Kreter zum Individualismus und ihre Originalität wider.

Kretas kleine Schwestern

Einige Inselchen rund um Kretas Küsten waren schon immer den Wildziegen vorbehalten, auf anderen pulsierte einst das Leben. Eine wird heute immer noch bewohnt.

Ausgehen mit Stil

Kretas Bars und Clubs sind im Sommer fast jeden Abend voll. Die Kreter gehen schick aufgestylt aus. Ebenso schick eingerichtet sind die Szenelokale, aber auch in einfachen Cafés wird viel Wert auf eine attraktive Optik gelegt.

Verträumte Dörfer

Meist trennen nur wenige Kilometer die Urlaubsorte von urigen Dörfern im Hinterland. Dort bleibt das Leben der Bauern und Hirten nahezu unberührt. Und an der Küste verbinden noch einige Orte Fischer-Flair und Bilderbuch-Idylle.

Genuss auf griechischen Stühlen

Die typischen Stühle aus Holz und geflochtenen Binsen, Raki und mezédes gehören zu Kreta wie Strände, Berge und Meer. Manchmal gibt's dazu kretische Livemusik.

Kunsthandwerker bei der Arbeit

Souvenirgeschäfte – auch mit viel Billigware – gibt es fast an jeder Ecke. Kunsthandwerker, die in ihren Werkstätten qualitativ hochwertige, typische Produkte fertigen, aber auch! Man muss nur etwas genauer hinsehen und meist auch – begründet – etwas tiefer in die Tasche greifen als bei der Billigware.

Kochkurse und Landwirtschaft

»Back to the roots« heißt es bei einigen Tavernen und agrotouristischen Anlagen im Inselinneren. Gäste können bei saisonalen Arbeiten mithelfen, Kräuter sammeln oder lernen, wie man kretische Gaumenfreuden zaubert.

Unterwegs

Wo Urlaubsträume wahr werden: Nur drei Stunden Flugzeit von Mitteleuropa entfernt findet man wie hier im Osten Kretas an der Mirabéllo-Bucht eine ganz eigene Welt.

Chaniá – die Weißen Berge in der Hauptrolle

Kretas vielseitiger Westen wird vom Regionalbezirk Chaniá mit seiner gleichnamigen Hauptstadt eingenommen

Die Stadt Chaniá begeistert mit ihrem venezianischen Flair und dem kretischen Lifestyle, birgt sehenswerte Museen, viele Einkaufsmöglichkeiten, tolle Adressen zum Essen und Ausgehen sowie stilvolle Boutiquehotels. Im Hintergrund der Stadt erheben sich die Weißen Berge (Lefká Óri). Das gigantische Gebirgsmassiv lockt mit seinen tiefen Schluchten wie Samariá oder Ímbros nicht nur eingefleischte Wanderer. Ebenen wie Askífou und in der Gebirgswelt versteckte Orte wie Miliá oder die Innachórion-Dörfer versprechen Idylle pur. In den Küstenorten des Südens fühlen sich Individualurlauber wohl, auf Gávdos viele Aussteiger. Wer lebhaftere Stimmung will, der wohnt idealerweise in den Urlaubsorten der Bucht von Chaniá oder in Georgioúpoli. Erkundungstouren führen im Norden zur Apokóronas-Halbinsel, zur Provinzstadt Kastélli Kissámou oder zu den Klöstern der Akrotíri-Halbinsel. Und an der Westküste sorgen postkartenreife Strände für Badevergnügen, ob in Bálos, Falássarna oder Elafoníssi.

In diesem Kapitel:

ADAC Top Tipps:

1 **Chaniá**
| Altstadt |
Pastellfarbene Häuser um den romantischen Hafen und verwinkelte Gassen wirken einladend-verführerisch. 18

2 **Elafoníssi**
| Strand |
Karibikflair mitten in Europa? Wasser in allen Blaunuancen, umrahmt von rosa und weiß schimmerndem Sand, gibt's im äußersten Südwesten. 29

3 Samariá-Schlucht

| Naturerlebnis |

Kretas berühmteste Wanderung führt durch die wohl längste Schlucht Europas zum Meer. 33

ADAC Empfehlungen:

1 Archäologisches Museum, Chaniá

| Museum |

Neues Museum mit tollem Gesamtkonzept und Café mit Meerblick. 23

2 Thalassinó Agéri, Chaniá

| Restaurant |

Griechische Stühle zwischen Ruinen – ein wildromantisches Fleckchen. 24

3 Bálos, Halbinsel Gramvoússa

| Strand |

Lagune Bálos und eine Festungsinsel: Südseefeeling und Piratenflair. 27

4 Gramvoúsa, Halbinsel Gramvoússa

| Restaurant |

Hervorragende kretische Küche nach dem Strandbesuch. 29

5 Falássarna

| Strand |

Heller Pudersand und kristallklares Meer – Genuss pur an einem der schönsten Strände Kretas. 29

6 Loutró, bei Chóra Sfakíon

| Ortsbild |

Einfach mal die Seele baumeln lassen in adretter Postkartenidylle im Schatten der Weißen Berge. 35

7 Porto Veneziano, Chaniá

| Hotel |

Wohlfühlen in grandioser Hafenlage, geschmackvoll, mit einem guten Preis-Leistungs-Verhältnis. 42

1 Chaniá

Bilderbuch-Altstadt, verwinkelte Gassen, pittoresker Hafen

Flanieren an der Promenade von Chaniás venezianischem Hafen

Information

- Städtische Touristeninformation, 73100 Chaniá, Milonogiánni 53, Tel. 28 21 34 16 65, www.chaniatourism.com, Mo–Fr 9–15 Uhr
- Parken: siehe ADAC Mobil, S. 19

1 *In Chaniás Altstadt vereinen sich Historie und Moderne*

Mit knapp 54 000 Einwohnern ist Chaniá der zweitgrößte Ort Kretas und für viele zugleich die schönste Stadt der Insel. Kein Wunder, dass Chaniá im Juli und August meist ziemlich überlaufen, aber auch besonders stimmungsvoll ist. In der Altstadt bilden Historie und Moderne ein einzigartiges Konglomerat, sei es im Gassengewirr rund um den venezianischen Hafen oder in der Einkaufs- und Flanierstraße Chálidon. Auf Schritt und Tritt begegnet man hier dem Erbe von Venezianern und Osmanen, in trendigen Café-Bars und Restaurants aber auch der modernen kretischen Lebensart. Außerdem laden zahlreiche kleine Läden zum Shopping ein.

Ursache für diese bunte Vielfalt ist die Geschichte: Die Hauptstadt des gleichnamigen Regionalbezirks wurde schon

Plan
S. 20

von den Minoern besiedelt. Zentrum war damals wie in der Antike, als Chaniá noch Kydonía hieß, der Kastélli-Hügel über dem Hafen. Die Venezianer, die Chaniá wie die übrige Insel ab dem Jahr 1204 besetzten, nannten die Stadt La Canea, bauten Palazzi, Schiffshallen und um 1300 eine Stadtmauer, die sie im 16. Jh. noch erweiterten.

Im Jahr 1645 wurde Chaniá als erste Stadt Kretas von den Osmanen erobert. Dass sie Kirchen zu Moscheen umwandelten und Häuser mit Holzerkern bauten, ist gut im Viertel Splántzia zu sehen. 1898 zogen die Türken ab, Kreta wurde autonom und Chaniá die Inselhauptstadt. Im Vorort Chalépa ließen sich die Großmächte Frankreich, Italien, Großbritannien und Russland nieder. Bis heute zeugen dort prächtige Villen von dieser Zeit. 1972 wurde Iráklio zur Inselhauptstadt. Der NATO-Stützpunkt auf der Akrotíri-Halbinsel und die Technische Universität Kretas sorgen weiterhin für weltoffenes Flair.

Sehenswert

1 Venezianischer Hafen

| Flaniermeile |

Die Promenade an Chaniás venezianischem Hafen ist eine beliebte Flaniermeile und wird von vielen Cafés, Restaurants und Bars gesäumt. Im Norden schützt den Hafen die lange Mole mit dem »venezianischen« Leuchtturm. Trotz des Namens stammt nur das Fundament von den Venezianern, der Rundturm wurde 1830 von Ägyptern erbaut. Vom Leuchtturm hat man eine tolle Aussicht auf die bunten Häuser vor der Kulisse der Weißen Berge.

ADAC Mobil

Chaniás Altstadt ist im Sommer für Autos größtenteils gesperrt. Nahe Parkplätze (mit Parkscheinautomat) liegen an der **Platía Tálo** westl. des Hafens, an der **Platía Markopoúlou** und der **Platía Agorás** an der Markthalle sowie an der **Defkalíonos** östlich der Schiffshallen. Außerdem herrscht auf Chaniás Straßen – vor allem tagsüber – sehr viel Verkehr.

ADAC Spartipp

Wer zwischen Chaniá und den nahen Urlaubsorten wie Plataniás oder Agía Marína günstig hin und her fahren möchte, kann die halbstündlich verkehrenden Busse nehmen. Die einzelne Fahrt kostet 1,60 € (Stand 2022). Auch die Busfahrt zwischen dem Flughafen der Stadt und Chaniá ist mit 2,30 € recht günstig.

2 Janitscharenmoschee
| Ausstellung |

Markantestes Gebäude am Hafen ist die im 17. Jh. errichtete und 1898 säkularisierte Janitscharenmoschee (auch Hassan-Pascha-Moschee genannt). Ihr Minarett wurde abgerissen, sodass der kubische Bau mit der großen Kuppel inmitten eines Kranzes kleinerer Kuppeln fast wie ein Observatorium wirkt. Heute finden dort wechselnde Kunstausstellungen statt.

3 Nautisches Museum
| Museum |

In dem auffälligen roten Gebäude sieht man alte Seekarten (16.–18. Jh.), Gemälde und Schiffsmodelle, vom Handelsschiff aus dem 7. Jh. über eine venezianische Rudergaleere (16. Jh.) bis hin zum Atom-U-Boot. Wichtige Seeschlachten findet man als Modell nachgestellt. Vom Eingang blickt man auf das trutzige Fort Fírkas aus dem 16. Jh., das ab und zu interessante Ausstellungen beherbergt.

■ Aktí Koundourióti, www.mar-mus-crete.gr, Mai–Okt. Mo–Sa 9–16, Nov.–April Mo–Sa 9–15.40 Uhr, 4 €, erm. 3 €

4 Byzantinische und nachbyzantinische Sammlung

| Museum |

In der Klosterkirche San Salvator aus dem 15.–17. Jh. spiegelt die kleine, aber feine Sammlung mit ausgewählten Exponaten – Münzen, Tongefäße, Schmuck, Ikonen und liturgisches Gerät – die Ära vom 4. Jh. bis zur türkischen Eroberung wider. Besonders schön ist ein Bodenmosaik mit Darstellungen von Vögeln und Wild aus einer frühchristlichen Basilika.

■ Theotokopoúlou 78, Tel. 28 21 09 60 46, 3 €, erm. 2 €, Mi–Mo 8.30–15.30 Uhr

5 Synagoge Etz Hayyim

| Synagoge |

Die Etz-Hayyim-Synagoge, 1669 in einer alten venezianischen Kirche untergebracht, ist seit 1999 wieder geweiht und dient auch als Gedenkstätte und als Ort der Versöhnung. 1944 löschte die deutsche Wehrmacht die jüdische Gemeinde der Stadt vollständig aus.

■ Párodos Kondiláki, www.etz-hayyim-hania.org, Mo–Do 10–16, Fr 10–15 Uhr, 2 € Spende erbeten

6 Schiavo-Bastion

| Aussichtspunkt |

Von ihrer stets frei zugänglichen Plattform aus bietet sich eine schöne Aussicht auf die Lefká Óri. Wie das Fort Fírkas am Hafen wurde dieser trutzige Rundbau im 16. Jh. als Teil der venezianischen Stadtmauer errichtet.

7 Volkskundemuseum

| Museum |

Über den Vorhof der katholischen Kirche erreicht man das private Volkskundemuseum. Die Exponate, darunter Wachsfiguren, illustrieren das Leben der Kreter im 19. und 20. Jh. mit Weinpresse, Webstuhl, Hochzeitsbett sowie Agrar- und Küchengeräten.

Die Synagoge hält das Gedenken an die jüdische Bevölkerung Chaniás wach

■ Chálidon 46 B, Tel. 28 21 09 08 16, 3 €, tgl. 10–17 Uhr

8 Minoisches Kydonía

| Ausgrabungsstätte |

Auf dem Hügel oberhalb des Hafens liegen über einen Zaun hinweg einsehbar die freigelegten Reste minoischer Gebäude unter einem Schutzdach. Funde wie Tontafeln mit Linear-A- und Linear-B-Schrift sind im Archäologischen Museum zu sehen.

■ Kanevéro/Ecke Kantanoléon

9 Byzantinische Stadtmauer

| Ruine |

In der ehemaligen Messerschmiedegasse Karaóli ke Dimitríou (im weiteren Verlauf Sífaka) blieb auch noch ein abends zum Teil stimmungsvoll ange-

Sie zeugt unverkennbar von der osmanischen Zeit: die Kirche Ágios Nikólaos

strahlter Teil der Stadtmauer des Kastélli-Viertels erhalten. Die in den letzten Jahren restaurierte Mauer stammt aus dem 7. Jh. und verlor mit der Erweiterung der Stadt unter den Venezianern ihre Bedeutung.

10 Städtische Pinakothek

| Ausstellung |

Die in einem Kaufhaus von 1910 untergebrachte Galerie zeigt auf drei Etagen wechselnde Kunstausstellungen.

■ Chálidon 98–102, www.pinakothiki-chania.gr, Mo–Sa 10–14 und 9–22 Uhr

11 Markthalle Agorá

| Ausstellung |

Der hohe, kreuzförmige Bau wurde 1913 nach dem Vorbild der Markthalle von Marseille in neoklassizistischem Stil errichtet. Zuletzt gab es dort Esslokale, Kulinaria und Souvenirs. Seit Anfang 2022 wird grundsaniert.

■ Wiedereröffnen soll die »Agorá« im Jahr 2024.

12 Stadtpark

| Park |

Die 1870 eingerichtete Anlage sorgt für Ruhe abseits des Altstadttrubels. Einige Tiergehege beherbergen u.a. kretische Wildziegen. Im Sommer werden hier ab und zu Open-Air-Filme gezeigt.

■ Odós Tzanakáki

13 Ágios Nikólaos (Splántzia)

| Kirche |

An der stimmungsvollen Platía imponiert die während der Türkenherrschaft zur Hauptmoschee der Stadt umgewandelte Kirche mit Minarett (rechts) und Kirchturm (links).

■ Platía 1821

14 Venezianische Arsenale

| Architektur |

Im östlichen Teil des alten Hafenbeckens findet man noch einige Hallen, in denen die Venezianer einst Schiffe bauen ließen.

15 Dauerausstellung antiker und traditioneller Schiffbau

| Ausstellung |

In einer alten Schiffshalle ist die »Minoa« untergebracht, ein anlässlich der Olympischen Spiele in Athen 2004 originalgetreu angefertigter Nachbau eines beeindruckenden, 17 m langen minoischen Ruder- und Segelschiffs.

■ Aktí Enósseos/Defkalíonos, Tel. 28 21 04 00 75, Juni–Okt. Mo–Sa 9.20–16 Uhr, 3 €, erm. 2 €, Plan S. 20

16 Großes Arsenal

| Ausstellung |

Die harmonische Verbindung neuer und alter Architekturelemente im Großen Arsenal, einstiges Zeughaus aus dem 15. Jh., ist eine ausgezeichnete Kulisse des Zentrums für die Architektur des Mittelmeerraums. Seit 2002 finden hier kulturelle Events, Wechselausstellungen und Vorträge statt.

■ Aktí Tompázi, Tel. 28 21 03 42 00, www.chania-culture.gr

17 Archäologisches Museum

| Museum |

1 *Minoische und andere spektakuläre Funde aus der Region*

Das neue Archäologische Museum von Chaniá öffnete 2022 im Stadtteil Chalépa seine Pforten: mit modernen Einrichtungen und innovativem Design. Auf ganzen 5230 m² zeigt das Museum mehr als 3500 Exponate, von denen 1000 zum ersten Mal ausgestellt werden. Man sieht minoische und römische Töpferwaren, Siegel und Münzen, Schmuck und Glasgefäße, Tafeln und Stelen mit Inschriften aus minoischer Zeit, marmorne Statuen und andere Artefakte, die in Chaniá und der Region gefunden wurden. Einen Einblick in die minoischen Bestattungsriten geben mit Tieren, Schiffen oder Jagdszenen bemalte Tonsarkophage. Aus der römischen Zeit (3. Jh.) stammen die eindrucksvollen Bodenmosaike. Eines davon zeigt Poseidon und einen Satyr, ein weiteres den Weingott Dionysos. Abgerundet wird die Ausstellung von Wechselausstellungen und der privaten Mitsotaki-Sammlung, die Exponate aus dem 4. Jt. v. Chr. bis zum 3. Jh. enthält.

■ Skra 15, www.amch.gr, Mi–Mo 8–20 Uhr, 6 €, erm. 3 €

Verkehrsmittel

Busbahnhof Busse fahren regelmäßig in den westlichen Teil der Insel, zum Flughafen auf der Akrotíri-Halbinsel, nach Réthimno und in die Hauptstadt Iráklio. ■ Kydonías/Ecke Kelaidí, www.e-ktel.com, Plan S. 20 a3

Fährverbindungen mit Piräus auf dem griech. Festland tgl. von Soúda mit Anek Lines ■ www.anek.gr, Plan S. 20 südöstl. c3

Restaurants

€–€€ | Chrisóstomos Trotz der Lage am Parkplatz von Kretern viel besuchte und preisgekrönte Taverne abseits des Hafens mit exzellenter kretischer Küche. Unbedingt reservieren! ■ Defkalíonos/Ecke Ikárou, Tel. 28 21 05 70 35, www.chrisostomos.gr, Sommer tgl. ab 13, Winter Mi–So ab 13 Uhr, Plan S. 20 b1

ADAC Mittendrin

Bei den Kretern beliebt zum Essen am venezianischen Hafen ist die Taverne **Ta Chálkina** mit vielen Tischen an der Promenade. Das Warten auf einen Platz nehmen hier auch die ungeduldigen jungen Kreter in Kauf: Die mezédes und der Hauswein sind hervorragend, der Service leider manchmal etwas überfordert. Besonders stimmungsvoll wird es an vielen Sommerabenden, wenn kretische Lyra-Spieler mit Texten zur Liebe und Freiheit das Essen begleiten. Insbesondere, wenn dann manche am Ufer traditionell das Tanzbein schwingen.
Aktí Tompázi 29–30, Tel. 28 21 04 15 70, www.chalkina.com, Plan S. 20 b1

Im Gleichtakt der Hufe geht es über das Pflaster der Altstadt von Chaniá

€–€€ | Tamam Mittelmeerspezialitäten und ein Hauch von Orient, serviert im stimmungsvoll umgebauten türkischen Bad und in der Altstadtgasse. ■ Zampeliou 49, Tel. 28 21 09 60 80, www.tamamrestaurant.com, Plan S. 20 a2

€–€€ | To Maridáki Modernes, freundliches mezedopolío mit Leckereien aus dem Meer, ganz traditionell zubereitet. ■ Daskalogiánni 33, Tel. 28 210 088 80, www.tomaridaki.gr, Plan S. 20 b2

2 **€€ | Thalassinó Agéri** Grandiose Szenerie zum Fischessen im Viertel Tabakariá. Romantische Kulisse mit Tischen am Wasser inmitten verlassener, umfunktionierter Lederfabriken. ■ Reservierung empfehlenswert. Viviláki 35 (2 km östl. der Altstadt), Tel. 28 21 05 11 36, www.thalasino-ageri.gr, tgl. ab 19.30 Uhr, Plan S. 20 östl. c1

Cafés

Kipos Stilvolles Kaffeehaus mit orientalischen Süßigkeiten und einem guten Mokka. ■ Im Stadtpark, Tel. 28 21 05 45 20, www.kiposcafe.gr, Plan S. 20 b2

Neório Móro Schickes Café des hiesigen Segelclubs in einer venezianischen Werfthalle. Leckere Kräutertees. ■ Aktí Enóseos, Tel. 28 21 04 02 65, Plan S. 20 b1

Einkaufen

Arménis Traditionelle Schmiede für inseltypische Messer mit den eingravierten Reimen (mantinádes). ■ Sífaka 14, www.oarmenis.gr, Plan S. 20 b2

Canea Gift Shop Shirts, Taschen u.v.m., minimalistisch designt, inspiriert von der Stadt. ■ Zampelíou 45, www.caneagiftshop.com, Plan S. 20 b2

Just Brazil Alles für den stilvollen Strandbesuch – von Bademode bis Accessoires. ■ Karaóli & Dimitríou 34, www.justbrazilstore.gr, Plan S. 20 b2

Sífis Jewellery Schöne, von Hand gefertigte Schmuckstücke. ■ Chatzimichali Ntaliani 54, Tel. 28 21 05 03 35, www.sifisjewellery.com, Plan S. 20 b2

Kneipen, Bars und Clubs

Fagotto Ein Klassiker im hiesigen Nachtleben ist die Jazz-Bar in venezianischem Gemäuer. ■ Angélou 16, Tel. 28 21 07 18 77, Sommer tgl. ab 21 Uhr, Plan S. 20 a1

Pallás Szenebar mit sehr guten Drinks, moderner mediterraner Küche. Schöner Leuchtturm-Blick. ■ Atkí Tompázi 15, www.pallaschania.gr, Plan S. 20 b1

Kinder

Kutschfahrten Gemütlich für die ganze Familie ist eine Rundfahrt mit der Pferdekutsche (ab 20 €/Kutsche). ■ Ab der Janitscharenmoschee, Plan S. 20 a1

Erlebnisse

Chania Segway Tours Altstadttour mit Segways. ■ Episkopou Chrisánthou 25, Tel. 28 212500 86 95, www.chaniasegwaytours.com, Plan S. 20 b2

Entspannung

Al Hammam Massagen, Kosmetik und türkisches Bad mitten in der Altstadt, zudem entspannende Anwendungen für Paare. ■ Platía E. Venizélou 14, www.alhammam.gr, Plan S. 20 a2

2 Bucht von Chaniá

Ferienorte mit stylishen Beach-Bars, Soldatenfriedhof und Kloster

In den Ferienorten an der Bucht kann man Strand- und Stadturlaub gut miteinander kombinieren, Busse verbinden sie regelmäßig mit Chaniá. Quirliges Zentrum sind die im Sommer aus allen Nähten platzenden Küstenorte Agía Marína und Plataniás. Der lange Sandstrand mit den populärsten Beach-Bars Kretas zieht sich quasi von Ort zu Ort. Die besagten Strandbars und das Nachtleben ziehen zahlreiche ausgehfreudige Griechen und Skandinavier an. Die alle Küstenorte durchquerende Straße (Old Road) wird von Hotels, Tavernen, Cafés, Clubs und Geschäften gesäumt. Ruhiger ist es im Westen der Bucht, hinter dem Badeort Kolimbári, wo die Mini-Strände von Afráta und Ravdoúcha auf der Halbinsel Rodopoú nur bescheidenen touristischen Zulauf haben.

Sehenswert

Soldatenfriedhof Máleme
| Friedhof |
Im Mai 1941 sprangen über Máleme junge deutsche Fallschirmjäger ab, um den nahen britischen Flugplatz einzunehmen. Unter dem Beschuss starben

Auf kleeblattförmigem Grundriss errichtet wurde die Klosterkirche im Moní Goniás

viele noch im Sprung. Ihre sterblichen Überreste und die weiterer deutscher Soldaten wurden auf der umkämpften »Höhe 107« beigesetzt (ausgeschildert).

Moní Goniás

| Kloster |

Das Kloster Goniás aus dem 9. Jh. bekam seine heutige Form im Jahr 1634. Schön ist die Lage am Meer, imposant die nachbyzantinische Ikonensammlung, darunter die des hl. Nikólaos aus dem 15. Jh., und eine vielfigurige Josephsgeschichte (1642).

■ Zwischen Kolimbári und Afráta, tgl. 9–19 Uhr, 3 €

Restaurants

€€ | **Mylos tou Kerata** Abendrestaurant mit mediterraner Küche in kreativ gestaltetem Garten an einer Wassermühle aus dem 14. Jh. ■ Old Road, Westrand von Plataniás, Tel. 28 21 06 85 78, www.mylos-tou-kerata.gr, tgl. ab 18 Uhr

€€ | **Wráchos sto kyma** Angenehm schattige Terrasse mit Meerblick. Leckerer Fisch und Meeresfrüchte. ■ Am Strand von Ravdoúcha, Tel. 28 24 02 31 33, www.wavesontherock.eu

Kneipen, Bars und Clubs

Cabana Mare Top-Adresse, wenn es um schicke Beach-Bars geht, mit Pool, Jacuzzi und Partys. ■ Old Road, Agía Marína, www.cabanamarechania.gr

Erlebnisse

Cretan Brewery Brauerei-Besichtigung und Verkostung der drei Sorten Charma Dunkel, Lager und Pale Ale. ■ Zounáki (ca. 7 km südlich von Máleme), Tel. 28 24 03 10 02, www.cretanbeer.gr

Sport

Hellas Bike Mountainbike-Verleih (ab 14 €/Tag) und mehrmals wöchentli. Halbtags- und Ganztages-Touren, auch in Kombination mit Wanderungen. ■ Old Road (Shopping Center) in Agía Marína, Tel. 28 21 06 08 58, www.hellasbike.net

Sommer, Sonne, Strand – und ein kühler Drink in einer Beach-Bar wie hier bei Chaniá

3 Kastélli Kissámou

Archäologisches Museum, umgeben von Provinzstadt-Flair

Kretas westlichste Kleinstadt bleibt dem kretischen Alltag trotz beschaulichem Tourismus treu und lädt mit Tavernen und rakádika an der Promenade sowie im Ortskern zum Verweilen zwischen Einheimischen ein. Diese nennen den Ort übrigens kurz »Kíssamos«. Die Uferpromenade flankieren westlich und östlich Strände. Hinter dem Sandstrand Mávros Mólos im Westen findet man einige kleinere Hotels.

Sehenswert

Archäologisches Museum
| Museum |
Zwischen interessanten Funden aus Kíssamos und der Region sieht man, wie die Villen römischer Aristokraten ausgestattet waren: Fresken mit geometrischen und floralen Mustern zierten die Wände, Mosaike mit mythologischen Motiven die Böden.
■ Platía Stratigoú Tzanakáki, Tel. 28 22 08 33 08, Mi–Mo 8.30–15.30 Uhr, 4 €, erm. 2 €

Verkehrsmittel

Ausflugsboote nach Bálos und Gramvoússa vom Hafen, 2 km westlich.

Restaurants

€ | Kouzoumáma Stylish und einfach lecker. Einige Tische stehen recht originell zwischen den Wänden einer Hausruine. ■ Paraliakí (Promenade), Tel. 28 22 02 21 00, www.kouzoumama.gr

€€ | The Cellar Griechenland-Feeling pur durch blau-weiße Tische am Meer, frischen Fisch und gute Grillgerichte. ■ Paraliakí (Promenade), Tel. 28 22 02 37 00

Erlebnisse

Strata Tours Geführte Wanderungen, z.B. nach Polirrínia oder zur Agía-Iríni-Schlucht, sowie Ausflüge, z.B. zum Botanischen Garten, kulinarische Touren, Bus nach Bálos. ■ Platía Tzanakáki, Tel. 28 22 02 42 49, www.stratatours.com

In der Umgebung

Polirrínia Mit festen Schuhen und langen Hosen geht es vorbei an üppig wachsendem Riesenfenchel auf einen frei zugänglichen Hügel, auf dem die Akropolis der antiken Stadt Polyrheniea thronte. Am Fuß des Hügels sieht man die Kirche Agíi Patéres, die anstelle eines hellenistischen Baus errichtet wurde. Ebenfalls erkennbar sind die Grundrisse alter Zisternen. Ein Pfad führt von dort in etwa 30 Minuten hinauf. Auf dem Gipfel liegen die spärlichen Reste von Stadtmauer und Zisternen. Der Aufstieg lohnt vor allem wegen des grandiosen Panoramablicks.

4 Halbinsel Gramvoússa

3 *Lagune Bálos und eine Festungsinsel: Südseefeeling, Piratenflair*

Wer sich von Menschenmassen nicht die Freude an schönen Landschaftserlebnissen verderben lässt, der sollte am Hafen von Kíssamos eines der Ausflugsboote besteigen und gen Westen schippern. Die Fahrt führt zunächst bis zum 137 m hohen Felsinselchen Ímeri Gramvoússa, auf dem die Venezianer 1579 ein Fort bauten. Ausflügler kön-

ADAC Mobil

Bálos kann man auch über Land auf einer rund 8 km langen, rauen Piste mit dem Pkw (besser Jeep), oder dem Bus von Strata Tours (S. 27) erreichen, die nördlich von Kalivianí beginnt (Straßengebühr 1 €/Pers.). Vom Parkplatz sind es zwei schattenlose, steile Kilometer zu Fuß hinab, eine beim Aufstieg sehr mühsame Strecke.

nen die Ruinen von Häusern und Zisternen im Festungsareal besichtigen und den grandiosen Blick übers Meer auf die Westküste Kretas genießen.

Die herrliche Lagune von Bálos im Westen der Halbinsel Gramvoússa steht danach auf dem Ausflugsprogramm. Der weiße Sandstrand füllt bildschön die halbkreisförmige Bucht zwischen der Nordspitze dieser Halbinsel und dem Kap Tigáni. Das badewannenwarme seichte Wasser glitzert in allen Facetten von Blau und Grün. Den schönsten Blick hat man von dem Hang im Südwesten des Strandes, der steil bergauf zu einem Parkplatz führt.

Verkehrsmittel

Cretan Daily Cruises Mehrere große Ausflugsschiffe. Die Zeiten sind saisonabhängig. ■ Fährhafen 2 km westl. von Kíssamos, zu erreichen mit dem Bus von Strata Tours (S. 27), Tel. 2822022888,. www.cretandailycruises.com

Boote von Falássarna Touren nach Bálos mit kleineren Booten und weniger Gästen. ■ www.falasarna-cruises.gr und www.falassarnacruises.com

Das Leben, ein (Insel-)Traum: Sonnenuntergang am Strand von Elafoníssi

Restaurants

4 **€€ | Gramvoúsa** Eine der besten Adressen für kretische Küche in der Gegend, mit viel Liebe zum Detail gestaltet, lohnt auch für Bootsausflügler nach Rückkehr den Umweg. Reservierung empfehlenswert. ■ Kalivianí (4 km westl. vom Hafen), Tel. 28 22 02 27 07, www.gramvousarestaurant.com

5 Falássarna

5 *Feinster Sand, Sonnenuntergänge, Reste einer Hafenstadt*

Falássarna, das am unteren Ende eines Hangs mit Gewächshäusern, locker verstreut platzierten Pensionen, Ferienhäusern und Tavernen liegt, ist einer der schönsten Strände Kretas. Der bis zu 200 m breite »Big Beach« aus feinstem Sand wird von Dünen und Felsen eingefasst. Im Norden prägen die schroffen Hügel der Halbinsel Gramvoússa das Bild. Beach-Bars – von einfach bis schick wie der Neuzugang Liokályvo – vermieten Liegestühle und Sonnenschirme. Wer zum Sonnenuntergang bleibt, genießt den Blick auf die als blutroter Feuerball im Meer verschwindende Sonne.

Sehenswert

Antikes Phalasarna

| Archäologische Stätte |

Die Reste der antiken Hafenstadt Phalasarna (ausgeschildert) liegen am Hang im Norden. Das künstliche, ca. 100 mal 75 m große Hafenbecken, das heutzutage aufgrund tektonischer Verschiebungen über dem Meeresspiegel liegt, wurde durch zwei Kanäle mit dem offenen Meer verbunden und war eine bautechnische Meisterleistung für das 6. Jh. v. Chr. Neben der flachen Senke des alten Hafens sieht man noch Reste von Sitzbadewannen, einer Zisterne und einem Hafenturm.

■ Mi–Mo 8.30–15.30 Uhr, Eintritt frei

6 Elafoníssi

2 *Karibikflair an exotischem Traumstrand und Kloster in toller Lage*

Elafoníssi im äußersten Südwesten ist der wohl bekannteste Strand Kretas, im Sommer völlig überlaufen und trotzdem ein absolutes Highlight. Der feinsandige Traumstrand bezaubert mit den Farbkontrasten, schimmert abwechselnd in Weiß und Rosa und wird von kristallklarem, in den verschiedensten Blaunuancen glänzendem Meer

Förmlich am Hang zu kleben scheinen die Häuser von Kefáli

gesäumt. Den einzigartigen Charakter verdankt Elafoníssi seiner landschaftlichen Szenerie, bedingt durch das vorgelagerte Düneneiland, das im Sommer meist über einen Sandstreifen fußläufig erreicht werden kann. Ansonsten watet man durch das flache Wasser in der sich bildenden Lagune zwischen Strand und Insel. Auf dem Eiland sorgen im Sand und im Wasser liegende Felsbrocken für kleine Buchten. Da die Insel mit den Sanddünen und -lilien unter Naturschutz steht, sind dort keinerlei touristische Einrichtungen zu erwarten. Strandbars und Liegen gibt es aber zur Genüge am Strand auf der Festlandsseite. Wer Elafoníssi auf eigene Faust ansteuern will, sollte früh morgens oder am späten Nachmittag hinfahren. Denn der Sonnenuntergang ist hier besonders romantisch.

Restaurants

€€ | Glykeria Gutes Restaurant mit Blick zum Sonnenuntergang und angeschlossenen Meerblick-Zimmern. ■ An der Hauptstraße bei Chrissoskalítissa, Tel. 28 22 06 12 92, www.glykeria.com

In der Umgebung

Moní Chrissoskalítissa Seinen Namen »Goldtreppe« verdankt dieses Kloster aus dem 17. Jh. einer der Stufen, die hinaufführen. Sie ist der Legende nach aus Gold. Erkennen kann sie nur, wer ohne Sünde ist. Das erklärt wohl auch, dass bislang noch kein Mensch diese Stufe entdeckt hat. In der Kirche ist die mit Silber ummantelte Marienikone mit Votivtäfelchen behängt. Ikonen aus dem 18./19. Jh., liturgisches Gerät und Schriften sind im Museum ausgestellt. Interessant ist zudem die Geheimschule: In solch versteckten Räumen unterrichteten in der Türkenzeit Mönche die Kinder in griechischer Sprache und Kultur. ■ Chrissoskalítissa, tgl. 9–19 Uhr, 2,50 €

7 Innachórion-Dörfer

Weltabgeschiedene Dörfer in abwechslungsreicher Bergregion

Bizarr-schroff und lieblich grün zeigt sich die erkundenswerte Bergregion Innachórion, die ihren Namen neun kaum besuchten Dörfern verdankt. Ein Stopp lohnt zum Beispiel in Kefáli, wo sich von den Terrassen der Tavernen eine tolle Aussicht auf das Tal im Westen und die am Hang gegenüber zu kleben scheinenden Häuschen eröffnet. Östlich von Kefáli säumen Esskastanienbäume die Straße. Zentrum des

Kastanienhandels ist Élos, der größte Ort des Innachórion. Beim Dorf Vlátos etwas weiter östlich weist ein Schild den Weg zum Milia Mountain Retreat. Ist man wieder auf der Hauptstraße, geht es nördlich nach Koutsomatádos. Vor dem südlichen Ortsrand liegt die über Stufen erreichbare Tropfsteinhöhle Agía Sofía. Im Eingangsbereich gibt es eine winzige Kapelle, von der Terrasse hat man einen grandiosen Blick in die 1,5 km lange Topoliá-Schlucht, die ins gleichnamige Dorf führt.

Restaurants

€€–€€€ | Milia Mountain Retreat Saisonale, regionstypische Gerichte, teils kreativ interpretiert, mit Produkten aus eigenem Anbau/eigener Zucht lohnen auch für Nicht-Hotelgäste den Umweg nach Miliá (S. 43). Reservierung empfehlenswert. ■ Miliá, Tel. 6945753743, www.milia.gr, im Sommer tgl. 13–21 Uhr

8 Paleóchora

Sympathischer Badeort mit langem Sand- und kürzerem Kiesstrand

Paleóchora erstreckt sich auf einer schmalen Halbinsel und ist der meistbesuchte Ort an Kretas Südwestküste. Im Westen und zum Inselinneren bilden schroffe Berghänge eine malerische Kulisse. Im Westen der Halbinsel erstreckt sich der lange Sandstrand Pachiá Ámmos. Im Osten sorgt der Chalíkia-Strand bei Kiesstrand-Fans für ein meist windstilles Badevergnügen. Da beide Strände flach abfallen, sind sie bei Familien mit Kindern sehr beliebt. Die von Restaurants, Tavernen, Cafés und Reisebüros gesäumte Promenade im Osten wird ab 18 Uhr für Autos gesperrt und eignet sich wunderbar für einen Bummel vor dem Abendessen. Hübsch sind die schmalen Gassen, die sich rund um die im Jahr 1914 erbaute Marienkirche legen.

Und ewig lockt das Meer: Strandleben in Paleóchora, im Südwesten von Kreta

Sehenswert

The Acritans of Europe
| Museum |
Alte Musikinstrumente, Waffen und andere Exponate erzählen von den Akriten, den Helden, die im Mittelalter die Grenzen des Byzantinischen Reichs gegen die Osmanen verteidigten.
■ Straße zum Pachiá-Ámmos-Strand, Tel. 28 23 04 22 65, Mo–Fr 10–13, Juni–Sept. auch 18–21 Uhr, Eintritt frei

Kastell Sélino
| Aussichtspunkt |
Die frei zugängliche Burgruine auf einem Hügel wurde im Jahr 1282 von Venezianern erbaut. Der Aufstieg zu den wenigen Resten von Außen- und Innenmauern lohnt wegen der grandiosen Aussicht auf den Ort, die Berge im Hinterland und natürlich auf das Meer. Während des Sonnenuntergangs steht die Burg ganz hoch im Kurs.

Verkehrsmittel

Selino Travel Fähren nach Chóra Sfakíon und Gávdos. Auch Ausflüge zum Bálos-Strand, zur Samariá-Schlucht etc. ■ Ortskern, Tel. 28 23 04 22 72, www.selinotravel.gr

Restaurants

€€ | **Méthexis** Freundlich geführte Taverne, wechselnde Tagesgerichte und Leckereien wie gefüllte Auberginen oder Zicklein in Tomatensauce. Freitags Livemusik. ■ Südliches Ende des Kiesstrands, Tel. 28 23 04 14 31

€€ | **Third Eye** Eine Rarität auf Kreta: vegetarische Gerichte aus verschiedensten Küchen der Welt, vielfältig und sehr gut. ■ Straße zum südlichen Ende des Pachiá-Ámmos-Strands, Tel. 28 23 04 12 34, www.thirdeye-paleochora.com, tgl. 13–15.30 und 18–23 Uhr

Einkaufen

Simbolo Handgefertigter Schmuck aus Silber, teils mit Edelsteinen. ■ Nahe dem Museum, www.symbol-art.gr

Kneipen, Bars und Clubs

Ágios Sehr beliebte, auch im Winter geöffnete Bar – mit Kochkurs-Angebot. ■ Hauptkreuzung im Ortskern von Paleóchora, www.agiosbar.gr

Castro Restaurant & Café Bar Stilvoll auf zwei Ebenen gleich unter dem Kastell. ■ Am Kastell, Tel. 28 23 04 24 92

Erlebnisse

Nireas Adventures Tauchgänge und Unterricht sowie Schnorcheltouren und Wanderungen mit einem professionellen und freundlichen Team. ■ Südliches Ende des Kiesstrands, Tel. 69 40 1111 65, www.nireasadventures.com

9 Soúgia

Angenehm entspannte Atmosphäre für Erholungssuchende

Im friedlichen Soúgia reihen sich hinter dem langen, grauen Sand-Kiesstrand Tavernen, Cafés und familiäre Pensionen aneinander. Außer ein paar Wanderwegen hat der in der weiten Bucht gelegene Ort nicht viel zu bieten – den Besuchern ist das so gerade recht. Stammgäste kommen, um das süße Nichtstun zu genießen, so auch die jungen Leute, die auf dem Campingplatz ihr Lager aufschlagen. Der

ADAC Mobil

Den Abschnitt der Südwestküste erkundet man am besten mit der **Fähre.** Im Sommer gibt es täglich Verbindungen zwischen Paleóchora, Soúgia, Agía Rouméli, Loutró und Chóra Sfakíon. Da das Auto in Loutró und Agía Rouméli nicht von Bord darf, lässt man es stehen oder reist direkt mit dem Bus an.
Infos und Tickets für die Fähre am jeweiligen Hafen (Soúgia, Tel. 28 23 05 12 30, www.anendyk.gr)

östliche Strandabschnitt ist bei FKKlern besonders beliebt. Wanderungen führen über den (vom portugiesischen Kap St. Vinzenz nach Zypern führenden) Europäischen Fernwanderweg E 4 zu Resten des antiken Líssos, einer einstmals florierenden Hafenstadt.

Restaurants

€ | **Rebétiko** Beliebte Taverne, in der die typischen Kleinigkeiten, mezédes, und vegetarische Gerichte besonders gut schmecken. ■ An der Straße Richtung Chaniá, Tel. 28 23 05 15 10

€€ | **Ómikron** Rustikal eingerichtetes Restaurant, in dem der Auswanderer Jean-Luc Delfosse zunächst zehn Jahre lang als Koch hinter den Kulissen wirkte, ehe er es übernahm. Mit Ehefrau Angeliki serviert er gute internationale Küche – auch elsässischen Flammkuchen. ■ Östliche Promenade, Tel. 28 23 05 14 92

Wandern

Agía-Iríni-Schlucht Nördlich von Soúgia begeistert diese Schlucht. Der etwa 7,5 km lange Weg verläuft durch hohe Felswände, vorbei an Platanen, Oleander, duftendem Salbei und Rosmarin. Am Ende der Schlucht belohnt man sich dann gern mit einem Essen in der urgemütlichen Taverne Óasis.

10 Samariá-Schlucht

3 *Kretas bekanntestes Naturspektakel, ein Muss für geübte Wanderer*

Information

■ Samariá National Park, telefonisch und per Mail Infos zur Schlucht und zu ihrer aktuellen Passierbarkeit, Tel. 28 21 4 55 70, www.samaria.gr, geöffnet meist Mai–Okt. 7–18 Uhr, Einstieg nur bis 13 Uhr erlaubt, mind. 6 Std., rund 1200 m Abstieg, Eintritt 5 €, Online-Tickets gibt es unter samariatickets.necca.gov.gr – Ticket bis zum Ausgang aufbewahren! Ausdauer, feste Schuhe, Sonnenschutz und Proviant sind ein Muss! Geführte Touren kann man bei fast allen Reisebüros der Insel und in den großen Hotels buchen.

Die mit rund 17 km angeblich längste Schlucht Europas verläuft von der auf 1000–1250 m Höhe gelegenen Omalós-Hochebene durch die Gebirgswelt der Weißen Berge bis ans Libysche Meer. Dort wartet im Sommer das Küstenörtchen Agía Rouméli täglich auf erschöpfte Wanderer.
In der Samariá-Schlucht ragen die schillernden Felshänge teils bis zu 600 m empor und bilden eine grandiose Kulisse für die nicht zu unterschätzende, den ganzen Tag in Anspruch nehmende Wanderung. Highlight ist der »Sidiróporta« (Eiserne Pforte) genannte, nur etwa 3 m breite Engpass (siehe »Im Blickpunkt«, S. 34). Im Jahr 1962 wurde Samariá als Nationalpark ausge-

Im Blickpunkt

Durch die Samariá-Schlucht

Am besten wandert man im Rahmen einer organisierten Tour. Nach Agía Rouméli führt keine Straße, mithin verkehren auch keine Linienbusse oder Taxis. Deshalb starten in der Saison in fast allen Urlaubsorten schon frühmorgens Heerscharen von Reisebussen mit Ziel Samariá. Der Einstieg beginnt südlich des Weilers Omalós auf der gleichnamigen Hochebene beim Pass Xylóskalo (»Holztreppe«, 1227 m). Es geht zunächst über viele Holzstufen steil hinab. Vorbei an Kiefern, Zypressen und Felsblöcken geht es weiter zur Kapelle Ágios Nikólaos mit Rastplatz, danach zum verlassenen Dorf Samariá. Die Kapelle Ossía Maria gab Ort und Schlucht den Namen. Hier finden sich auch sanitäre Anlagen, eine Sanitätsstation bietet die Möglichkeit, Verletzte mit Eseln nach Agía Rouméli zu transportieren. Bald darauf verengt sich die Schlucht, der schattige Weg führt über Geröll und Stege zur spektakulären Eisernen Pforte, wo die bis zu 350 m hohen Steinwände nur 3 m voneinander entfernt sind – die Hauptattraktion der Wanderung. Von hier aus geht man noch eine weitere – schattenlose – Stunde bis Agía Rouméli mit Tavernen, Pensionen, Kiesstrand und dem Hafen, von dem Fährschiffe die Wanderer zu den meist in Chóra Sfakíon wartenden Busse bringen. Wer sich auf eigene Faust durch die Schlucht wagen möchte, sollte frühmorgens mit dem Bus in Chaniá (www.e-ktel.com) starten und von Chóra Sfakíon mit dem Bus zurückfahren. Die letzte Fähre (www.anendyk.gr) von Agía Rouméli nach Chóra Sfakíon legt um ca. 17.30 Uhr ab. (Genaue Zeiten von Bussen und Fähre vorher erfragen!) Tipp: Wer weniger laufen und zugleich den Menschenmassen in der Schlucht ein Schnippchen schlagen möchte, nimmt morgens die erste Fähre von Chóra Sfakíon nach Agía Rouméli, um von hier aus nur bis zur Eisernen Pforte zu wandern, die Idylle zu genießen und vor dem Ansturm der Touristen wieder zum Hafen zurückzukehren.

wiesen. Zum Schutz der Natur, der kretischen Wildziege kri-kri und auch aus Sicherheitsgründen dürfen sich Wanderer nur auf dem Hauptpfad aufhalten.

Restaurants

€ | **Calypso** Leckere kretische Hausmannskost und griechische Klassiker. Auch werden Zimmer vermietet. ■ Im Ortskern, Agía Roúmeli, Tel. 28 25 09 13 14, www.calypso.agiaroumeli.gr

11 Chóra Sfakíon

Einst Zentrum der Widerstandskämpfe, heute beschaulicher Küstenort

Die Gebirgsregion Sfakiá wird nicht ohne Grund als »Kretas Seele« betitelt. Sie war im 19. Jh. Zentrum der Unabhängigkeitskämpfe und damit Heimat freiheitsliebender kretischer Patrioten. Seit dem Mittelalter fanden dort kretische Rebellen Unterschlupf, je nach Zeitalter gesucht von den Venezianern, den Türken oder Deutschen. Inzwischen werden die Bergdörfer nur noch von wenigen Menschen bewohnt. Etwas los ist an Sommerwochenenden nur an der Vardinogiánnis-Brücke über der Arádena-Schlucht. Dort stürzen sich Mutige am Bungee-Seil hinab. Rund 138 m Tiefe machen den Fall zu einem der größten Europas (www.bungy.gr). Hauptort der Sfakiá ist das beschauliche Küstenörtchen Chóra Sfakíon, eine Anhäufung weißer Häuser, Pensionen und Tavernen rund um ein halbrundes Hafenbecken. Lebhaft wird es dort, wenn an Nachmittagen Samariá-Durchquerer von Bord gehen und zu ihren Bussen strömen. Wer ein paar Tage bleibt, kann bei Wanderungen das Hinterland und mit Taxi-Booten den faszinierenden Küstenabschnitt entdecken, darunter den von steilen Felswänden gesäumten Kiesstrand Gliká Nerá (auch Sweetwater Beach genannt), an dem Süßwasserquellen aus dem Meeresboden sprudeln. In Chóra Sfakíon selbst lockt der Kiesstrand Vríssi zu einem Sprung ins kühle, erfrischende Nass.

Verkehrsmittel

Anendyk Lines Fähren zwischen Chóra Sfakíon und Loutró, Agía Rouméli, Soúgia und Paleóchora. ■ Am Fähranleger, Tel. 28 25 09 12 21, www.anendyk.gr

Deligiannis Lines Täglich Touren von Chóra Sfakíon zu diversen Stränden und nach Loutró. ■ Tel. 69 78 64 52 12, www.deligiannislines.com

Restaurants

€–€€ | **Níkos** Freundliche Atmosphäre und regionale Gerichte wie mit Weichkäse gefüllte und mit Honig beträufelte sfakianí píta, Kaninchen und Fisch. ■ Am Hafen, Tel. 28 25 09 11 11

Sport

Notos Mare Marine Adventures Tauchkurse und -touren für Anfänger und fortgeschrittene Taucher, Motorbootverleih (bis 30 PS auch ohne Führerschein) und Bootsausflüge. ■ Südlich vom Fähranleger, www.notosmare.com

In der Umgebung

6 **Loutró** ist ein malerischer, autofreier, nur mit dem Boot erreichbarer Küstenort. In einer halbrunden Bucht gelegen, bietet er schon bei der Anfahrt ein ganz bezauberndes Farb-

Im Blickpunkt

Mythischer Morgentau

Am 17. Mai 1828 töteten bei **Frangokástello** türkische Soldaten etwa 700 einheimische Aufständische. Die Geister der Verstorbenen kehren seitdem angeblich jedes Jahr an den Schauplatz der Tragödie zurück und wallen in den frühen Morgenstunden als Drosoulítes, als »Tau-Seelen«, an der Burg vorüber. Im Frühjahr kann man vor Ort tatsächlich solche Phänomene beobachten. Luftspiegelungen, die hier aufgrund bestimmter atmosphärischer Bedingungen bei Windstille und nach kräftigen Regenfällen auftreten, könnten die Erklärung dafür sein. Doch wer will das schon so genau wissen ...

spiel: weiße, kubische Häuschen mit knalligen Fensterläden zwischen Berghang und Kiesstrand, gerahmt von Felsen und türkisblauem Wasser. Wer für einen gelungenen Urlaub nichts weiter braucht als ein Zimmer, eine Handvoll Tavernen, eine Liege am Strand und Wanderrouten, der wird hier eine glückliche Zeit haben.

Frangokástello Die Streusiedlung verdankt ihren Namen der im Jahr 1371 erbauten venezianischen Festung. Ihre zinnenbekrönten, von vier Ecktürmen akzentuierten Außenmauern sind bis heute erhalten und gut für einen Fotostopp – danach zieht es die meisten Besucher an den hellen Sandstrand unterhalb des Gemäuers. Dank des warmen, flachen Wassers ist er auch für Kleinkinder geeignet. Gute Schwimmer lockt der Strand Orthí Ámmos mit seinen hohen Sanddünen im Osten.

12 Gávdos

Einer der letzten Aussteiger-Spots auf der südlichsten Insel Europas

Gávdos liegt etwa 35 km vor Chóra Sfakíon im Libyschen Meer, ist 30 km^2 groß und die südlichste Insel Europas.

Frangokástello: Direkt am Dünenstrand liegt das gut erhaltene venezianische Kastell

Auch für Familien geeignet: eine Wanderung durch die imposante Ímbros-Schlucht

Ihr Besuch ist mit Vorsicht und nur mit viel Zeit zu genießen, denn aufgrund starker Winde können manchmal tagelang keine Schiffe fahren, sodass man länger bleiben muss als geplant.
Die drei Weiler dieser Insel werden heute nur noch von knapp 150 Menschen bewohnt. Das Landesinnere prägen hohe Felsen und Nadelwälder, an den Küsten finden sich schöne Sandstrände. In den Sommermonaten tummeln sich hier gerne Individualisten und FKK-Urlauber sowie Aussteiger, die in einfachen Pensionen wohnen oder (trotz Verbots) campen.

Verkehrsmittel

Anendyk Lines Im Sommer pendeln die Fähren bis zu dreimal pro Woche zwischen Chóra Sfakíon (ca. 2 Std., einfache Fahrt 25 €, Kinder bis 12 Jahre 12,50 €) oder Paleóchora (3–4 Std., einfache Fahrt 30 €, Kinder bis 12 Jahre 15 €) und Gávdos. ■ Tel. 28 25 09 12 21 (Chóra Sfakíon), 28 23 04 12 22 (Gávdos), www.anendyk.gr

13 Askífou

Geschichtsträchtige Ebene und familientaugliche Schlucht

Die auf rund 750 m gelegene Askífou-Hochebene zwischen den Weißen Bergen liegt friedvoll abseits des Touris-

Im Blickpunkt

Eine Wanderung für alle

Die 7 km lange **Ímbros-Schlucht** ist – festes Schuhwerk vorausgesetzt – auch für ungeübte Wanderer zu bewältigen. Hohe Felswände, Eichen, Zypressen und Salbei sorgen für eine tolle Kulisse. Ihre engste, nur etwa 2 m breite Stelle ist ein höchst fotogenes Felsentor. Der Einstieg erfolgt in Ímbros bei der Taverne Porofárango. Von dort führt der Weg in etwa 2,5 Std. bergab in das Dorf Komitádes. Eintritt: 2,50 €

Ein Platz an der Sonne: am Stavros Beach auf der Akrotíri-Halbinsel

tentrubels. Kaum zu glauben, dass sie während des kretischen Aufstands 1821 Schauplatz eines erbarmungslosen Kampfes war. Auf den damaligen Sieg der Kreter über die Türken ist man bis heute stolz. Im Hauptdorf Askífou, in dem einfache Tavernen regionale Leckereien servieren und Männer stundenlang in Kaffeehäusern verweilen, zeigt sich Kretas Ursprünglichkeit besonders gut. Südlich lockt die Ímbros-Schlucht (siehe »Im Blickpunkt«, S. 37) Wanderer an.

Sehenswert

Kriegsmuseum von Askífou

| Museum |

Das private Museum zeigt Kriegsutensilien, die sein verstorbener Gründer Giórgos Chatzidákis nach dem Zweiten Weltkrieg in der Gegend fand.

■ Karés (ausgeschildert), Mobil-Tel. 6977827138, www.warmuseumaskifou.com, Mo–So 9–21 Uhr, Eintritt frei

Restaurants

€ | **Porofárango** Familiär geführte Taverne mit Blick in die Ímbros-Schlucht. Das auf traditionelle Weise zubereitete Schaf- und Ziegenfleisch stammt aus der eigenen Zucht. ■ An der Hauptstraße, Ímbros, Tel. 2825095450

14 Akrotíri-Halbinsel

Karge Landzunge mit Flughafen, NATO-Basis, Klöstern und Stränden

Ein großer Teil der Halbinsel Akrotíri wird vom Flughafen und von der NATO-Militärbasis eingenommen, den Nordosten dominieren schroffe Hügel. Am flach ins Meer abfallenden Strand von Stavrós begibt man sich auf die Spuren von Hollywood: Der kahle Bergrücken hinter dem Strand war einst Kulisse für die Schlussszenen des Filmklassikers »Alexis Sorbas«. Kreter besuchen gern den Strand von Kalathás und das winzige Maráthi, wo sie es sich am flachen, meist windstillen Sandstrand oder in den Fischtavernen gemütlich machen und den herrlichen Blick auf die Weißen Berge (Lefká Óri) genießen.

Sehenswert

Venizélos-Gräber

| Aussichtspunkt |

Auf einer frei zugänglichen Terrasse hoch über dem Meer wurden der Staatsmann Elefthérios Venizélos, der 1913 die Vereinigung Kretas mit Griechenland in die Wege leitete, und später sein Sohn Sofoklís, einst Ministerpräsident des

Landes, bestattet. Mehr als die Gedenkstätte reizt der Ausblick aufs Meer.
■ Aléxi Minóti, Chaniá

Moní Agía Triáda

| Kloster |

Das Kloster wurde im 17. Jh. gegründet. Zum 1864 errichteten Renaissanceportal führt eine Freitreppe hinauf. Die Stilmerkmale des Portals sind auch an der Fassade der Kreuzkuppelkirche im idyllischen Klosterhof zu sehen. Im Museum werden Ikonen (15.–17. Jh.), liturgisches Gerät und Drucke, darunter ein 1568 in Wittenberg gedrucktes Evangelium, gezeigt. Im Klosterladen verkaufen die Mönche Olivenöl und Wein.

■ Zwischen Kalórrouma und Koumáres, Sommer tgl. von 8 Uhr bis Sonnenuntergang, Winter tgl. 8–14 und 16 Uhr bis Sonnenuntergang, 2,50 €

Moní Gouvernéto

| Kloster |

Friedvoll liegt im Norden der Halbinsel das Kloster Gouvernéto. Den im Jahr 1537 errichteten Konvent umgibt – zum Schutz vor Piraten – eine Wehrmauer. Die Kirchenfassade wird von sechs Halbsäulen gegliedert, die mit menschenähnlichen Gesichtern verziert sind. Die hier lebenden Mönche lieben ihre Ruhe, bestehen auf sittsame Kleidung und verbieten das Baden in der Bucht unterhalb des Klosters.

■ 4 km nördlich vom Kloster Agía Triáda (ausgeschildert), Mo, Di, Do 9–12 und 17–20, Sa, So 9–11 und 17–20 Uhr, 2,50 €

Restaurants

€€ | **Patrelantónis** Fischtaverne mit Blick über die Bucht zu den Weißen Bergen und Köstlichkeiten des Meeres.
■ Am Strand von Maráthi, Tel. 28 21 06 33 37

Cafés

Koukouvaya Der schönste Ausblick auf Chaniá bei Frühstück, Kaffee und köstlichem Schokokuchen oder einem Sundowner. ■ Aléxi Minóti/Agorastáki, Chaniá (nahe den Venizélos-Gräbern), Tel. 28 21 02 74 49, www.koukouvaya.gr

15 Apokóronas-Halbinsel

Landwirtschaftlich geprägter Tourismus zwischen Bergen und Meer

Information

■ Vamos Traditional Village Tourist-Info, 73007 Vámos, am Hauptplatz, Tel. 28 25 02 21 90, www.vamosvillage.gr

Im Blickpunkt

Bärenhöhle, Felsenkloster

Höhlen und kräuterduftende Berghänge, Felsen, Meerblick, eine idyllische Klosterruine – all das vereint eine einfache, aber schattenlose **Wanderung vom Kloster Gouvernéto** über einen gepflasterten Weg in 1,5 Std. Gehzeit bergab zur Bärenhöhle. Im Eingang richteten Mönche im 16. Jh. die Kapelle Panagía Arkoudiótissa (Allheilige des Bären) ein. In ihrem Zentrum ragt ein Stalagmit auf, dessen Form mit viel Fantasie einem Bären ähnelt, dem heiligen Tier der in der Antike verehrten Göttin Artemis. Vor der Höhle führt der Weg bergab in eine Schlucht bis zu den Ruinen des teils in den Fels gehauenen Klosters Katholikó (16. Jh.).

Da die landwirtschaftliche Arbeit Mitte des 20. Jh. auf der Apokóronas-Halbinsel (auch: Drápanos) zum Leben nicht mehr ausreichte, wanderten die Menschen ab. Doch im Jahr 1995 schlossen sich junge Kreter zusammen und gründeten zur Förderung des alternativen Tourismus eine Gesellschaft. In Vámos kauften sie Häuser, ließen sie renovieren und vermieteten sie als Ferienwohnungen. So wird Apokóronas mittlerweile von Feriengästen auf der Suche nach Ursprünglichkeit als auch von Rundreisenden gern besucht. Im Südwesten ziehen Kalíves und Almirída mit schönen Sandstränden insbesondere Badeurlauber an.

Sehenswert

Moní Agíou Georgíou (Karydi)

| Kloster |

Das im 16. Jh. gegründete und inzwischen hübsch restaurierte Kloster ist von Hügeln umschlossen und nun wieder bewohnt. Besucher können die Reste der im Jahr 1863 errichteten Olivenpresse mit zwölf Kuppelbögen und vier Mühlsteinen bestaunen.

■ Südlich von Vámos Richtung Vrísses, tgl. 7.30–14 und 16.30–20 Uhr, 2 €

Gavalochóri

| Ortsbild |

Gavalochóri entzückt mit alten Natursteinhäusern und der begrünten Platía. Einen Blick lohnt das Folkloremuseum, das mit Wohnstube, Webstuhl, Keramik und Kunsthandwerk liebevoll von alten Zeiten erzählt. Etwa 500 m östlich des Dorfplatzes plätschern zwölf steinerne Brunnen aus venezianischer Zeit – ein schöner Platz für ein Picknick.

■ Museum, nahe Platía, Tel. 28 25 02 32 22, Mo–Sa 9–19, So 11–18 Uhr, 2 €, erm. 1 €

Restaurants

€–€€ | Gavalianós Kafenés Das Kaffeehaus von Gavalochóri gibt es schon seit 1800, die mezédes, die im gemütlichen Garten serviert werden, wechseln täglich. Im Sommer oft Live-Musik. ■ Platía, Gavalochóri, Tel. 69 74 16 25 07

€–€€ | Stérna tou Bloumosífi Leckere kretische Speisen, teils aus dem Steinofen, in einem stimmungsvollen Garten. Gelegentlich Livemusik. ■ Hauptstraße, Vámos, Tel. 28 25 08 32 20, www.vamosvillage.gr

Erlebnisse

Vamos Traditional Village Öko-Tourismus und die Achtung der regionalen kulturellen Traditionen glücklich vereint mit Kochkursen und Verkostungen, Wanderungen und saisonalen agrotouristischen Aktivitäten. ■ siehe Information S. 39

Weinkellerei Dourákis Für Freunde edler Tropfen lohnt ein Abstecher zu den dreimal tgl. stattfindenden Führungen in der Weinkellerei, der Verkostung preisgekrönter Weine oder zum Kochkurs. Reservierung empfehlenswert. ■ Alíkambos (südl. von Vrísses), Tel. 28 25 05 17 61, www.dourakiswinery.gr

In der Umgebung

Áptera

| Archäologische Stätte |

Kurz nach der Gründung (7. Jh. v. Chr.) entwickelte sich die antike Stadt zum Seehandelszentrum, 824 wurde sie von Sarazenen zerstört. Erhalten blieben die Reste einer Kirche und von Räumen eines Klosters aus dem 12. Jh.; älter ist die römische Zisterne. Ringsum kann man zudem Ruinen der antiken Stadtmauer, des restaurierten vorrömischen Theaters und eines dorischen Tempels entdecken. Der Blick zum Meer führt über das von den Türken im 19. Jh. erbaute Kastell Itzedin, das bis ins 20. Jh. hinein als Gefängnis diente.

■ Aptéra, Megála Choráfia, Tel. 28 21 04 44 18, Mai–Okt. Mi–Mo 8–20, Nov.–April Mi–Mo 8.30–15.30 Uhr, 4 €, erm. 2 €

16 Georgioúpoli

Populärer Badeort mit schier endlosem Strand und Ausflugsoption zum See

Georgioúpoli ist ein gemütlicher und lebhafter Ferienort zugleich. Sein besonderes Flair verdankt er der Lage zwischen zwei Flussmündungen und dem etwa 10 km langen Sandstrand. Ein Spaziergang lohnt an der Flussmündung des Almirós im Nordwesten, wo im Hafen bunte Fischer- und Sportboote dümpeln. Mit etwas Glück kann man im Schilf Frösche, Aale, Schildkröten und Reiher beobachten. Rund um den von Hotels, Pensionen, Tavernen, Cafés und Souvenirläden geprägten Ortskern und an der Platía fallen die einst zur Trockenlegung des Gebiets angepflanzten Eukalyptusbäume auf, deren lange Wurzeln dem Boden große Mengen an Wasser entziehen.

Sehenswert

Ágios Nikólaos

| Kirche |

Ein knapp 100 m langer, meist rutschiger Damm aus Felsbrocken führt vom Hafen zu der weiß getünchten Kapelle Ágios Nikólaos weit draußen im Meer. Sie wurde dem hl. Nikolaus als Schutzheiligem der Seefahrer geweiht und ist heute ein beliebtes Fotomotiv.

Restaurants

€–€€ | **Bábis** Einfache Taverne mit familiärer Atmosphäre, Hausmannskost und Leckereien für Vegetarier sowie gutem gegrilltem Fisch. ■ Nördlicher Ortskern, Tel. 28 25 06 17 60

Erlebnisse

Talos-Express Die Bimmelbahn ist für Urlauber ohne Mietwagen und auch für die ganze Familie geeignet, um einen Ausflug (ab 5 €) z.B. zum Kourná-See zu unternehmen. ■ Corissia Park, Tel. 28 25 08 37 03, www.facebook.com/TalosExpress, tgl. 9.30–15, 18–21 Uhr

Sport

Nikos Bicycles Verleih von Fahrrädern (ab 10 €/Tag), auch E-Bikes (ab 20 €/Tag), und gute Tourentipps vom Inhaber. ■ Kavrós Old Road, Tel. 28 25 06 14 40, www.nikosbicycles-georgioupolis.gr

Zoraida's Horseriding Reitunterricht, Ausritte am Strand, in das bergige Umland und zum Kourná-See, auch mehrtägige Ausritte mit Übernachtung. ■ Südl. von Georgioúpoli in Richtung Kourná-See, Tel. 69 47 18 56 56, www.zoraidas-horseriding.com

In der Umgebung

Límni Kourná

| Süßwassersee |

Kretas inzwischen einziger natürlicher Süßwassersee, Kourná, liegt eingebettet zwischen grünen Hügeln und ist umgeben von Tavernen. Ein großer Teil des Wassers stammt aus unterirdischen Quellen. Mit Tretbooten kann man den See genauer unter die Lupe nehmen. Schwimmen ist verboten.

Übernachten

Originelle Boutiquehotels in Chaniá, Strandhotels in der quirligen Bucht von Chaniá wie in Georgioúpoli sowie einfache Pensionen und familiäre Hotels an der Südküste oder auf Gávdos bieten in dieser Region Unterkünfte für jeden Geschmack. Ein ganz besonderes Übernachtungserlebnis für Ruhesuchende ist das nach ökologischen Prinzipien restaurierte Milia Mountain Retreat.

Chaniá 18

€€ | **Hanim Lounge & Studios** Zuvorkommend geführt mit Wohlfühlflair. Hervorragendes kretisches Frühstück. ■ Agíon Déka 19, Tel. 28 210 08 89 9, www.chaniastudios.com

€€ | **Hotel Off** Zauberhaftes Boutiquehotel mit neun Zimmern in sorgsam restauriertem venezianischen Gebäude (13. Jh.) in der Altstadt, elegante Zimmer, reizender Innenhof. ■ A. Gampá 32, Tel. 28 21 07 55 20, www.hotel-off.com

7 €€–€€€ | **Porto Veneziano** Zentral am venezianischen Hafen gelegen, moderne Zimmer und hilfsbereites Personal. Für die Stadterkundung stehen Fahrräder zur Verfügung. Leckeres Frühstücksbüfett. ■ Agí Aktí Enóseos/Ecke Gláfkou, Tel. 28 21 02 71 00, www.portoveneziano.gr

€€€ | **Casa Delfino** Stilvoll eingerichtete Zimmer und Suiten in venezianischem Altstadtpalazzo (17. Jh.). Dachterrasse mit herrlicher Aussicht. ■ Theofánous 9, Tel. 28 21 08 74 00, www.casadelfino.com

Bucht von Chaniá 25

€€ | **Amalthia Beach Resort** Eine 4-Sterne-Bungalowanlage mit modern eingerichteten Zimmern und Suiten sowie Pool, Restaurant und Kinderspielplatz. ■ Old Road, Agía Marína, Tel. 28 21 06 85 42, www.amalthia-hotel.gr

€€ | **Esthisis Suites** Moderne, farbenfrohe Apartments und Maisonettes einer herzlichen Inhaberfamilie. Mit herrlichem Blick über den Pool und den Ort auf das Meer. ■ Alter Ortskern von Plataniás, Tel. 28 21 08 44 06, www.esthisishotelchania.com

Kastélli Kissámou 27

€ | **Arodamós** Herzlich geführte Anlage mit hübschen Studios und Apartments sowie ausgezeichnetem Frühstück. ■ Nordwestl. Ortsrand, Tel. 69 55 47 81 99, www.arodamos-apartments.gr

Falássarna 29

€ | **Kavousi Resorts** Gepflegtes Haus in Hanglage, einfach, aber liebevoll eingerichtet, mit einem tollen Blick auf die Bucht, herzlichen Gastgebern und leckerem Frühstück. ■ Kavoúsi (2 km oberhalb des Strands), Tel. 28 22 04 12 51, www.kavousi-falasarna.gr

Paleóchora 31

€€–€€€ | **Libyan Princess** Charmantes Hotel mit stilvoller Atmosphäre in 33 hübsch eingerichteten Zimmern, Restaurant, Pool und Sauna. Lecker ist das kretische Frühstück. ■ Hauptstraße, Tel. 28 23 04 20 30, www.libyanprincess.gr

Soúgia 32

€–€€ | **Syia** Familiär geführtes Hotel mit modern eingerichteten, geräumigen Zimmern und sehr aufmerksamen Gastgebern. ■ Nördl. Ortsrand, Tel. 28 23 05 11 74, www.syiahotel.com

Chóra Sfakíon 35

€–€€ | **Monachus Monachus** Schön angelegte Apartmentanlage in ruhiger Lage mit Pool. ■ Nördlich der Burg, Frangokástelo, Tel. 28 25 09 22 22, www.monachus-monachus.gr

€€ | **Porto Loutro** Zwei Häuser, eins direkt am Strand, das andere zum Teil direkt in den Fels gebaut. Komfortable Zimmer, freundlicher Service. ■ Loutró, Tel. 28 25 09 14 33, www.hotelportoloutro.com

Gávdos 36

€ | **Gavdos Princess** Idyllisches Refugium mit Steinbungalows in herrlicher Landschaft, Meerblick und Taverne inklusive. ■ Kastrí, Tel. 28 23 04 11 81, www.gavdos-princess.com

Akrotíri 38

€€ | **Kavos Beach** Kleine, ruhige, moderne Apartmentanlage mit herrlichem Pool direkt am Meer. ■ Stavrós, Tel. 28 21 03 92 55, www.kavosbeach.gr

Apokóronas 39

€€ | **Vamos Traditional Village** Mehrere hübsch restaurierte, uralte Dorfhäuser, nach Wunsch mit Pool. Eine ideale Unterkunft für Selbstverpfleger. ■ Vámos, Tel. 28 25 02 21 90, www.vamosvillage.gr

Georgioúpoli 41

€ | **The Egeon** Einfache, saubere und geräumige Zimmer bei netten Gastgebern. ■ Am Fluss, Tel. 28 25 06 11 61, www.the-egeon-crete.com

€€€ | **Anemos Luxury Grand Resort** Suiten und Bungalows, Wellness, engagierter Service, exzellente Restaurants und alles, was man sonst zum edlen Genießen braucht. ■ Kavrós, westlich von Georgioúpoli, Tel. 28 25 06 25 50, www.anemosresort.com

ADAC Das besondere Hotel

Das **Öko-Dorf Miliá** steht für sanften Tourismus und verspricht eine einzigartige Erfahrung in idyllischer Stille mitten in der Natur. Gäste wohnen in liebevoll, nach ökologischen Prinzipien restaurierten Natursteinhäusern aus dem 15. Jh., die alle originell und doch traditionell ausgestattet sind. Es werden auch Kochkurse und geführte Wanderungen angeboten.

€€ | Milia Mountain Retreat, Tel. 28 21 04 67 74, www.milia.gr

Réthimno – Historie und Flair auf Schritt und Tritt

Kretas drittgrößte Stadt lockt mit historischem Flair, ihr Umland mit Klöstern, Höhlen und quirligen Badeorten

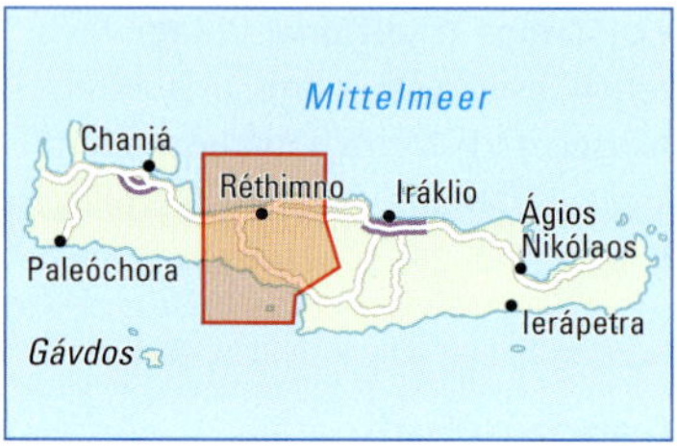

Der kleine Regionalbezirk Réthimno, benannt nach der gleichnamigen Hafenstadt, erstreckt sich im Westen des Psiloritísmassivs, das mit seinem 2456 m hohen Gipfel Psiloritís das höchste Gebirge der gesamten Insel ist. Die charmante Stadt Réthimno selbst bietet noch viel osmanische Bausubstanz und ist ein hervorragender Ausgangspunkt, um Zentralkreta zu erkunden. Östlich der Stadt lädt der angenehm entspannte Badeort Pánormo zum Urlauben ein, im Süden warten die überschaubaren, aber lebhaften Küstenorte Plakiás und Agía Galíni. Entlang der Südküste erstreckt sich in der tief eingeschnittenen Bucht von Préveli Kretas zweitgrößter Palmenhain (nach dem berühmten Vái an der Ostküste) samt Traumstrand. Préveli und die wild zerklüftete Bergregion zwischen Süd- und Nordküste versprechen tolle Naturerlebnisse sowie interessante Reisen in die Vergangenheit – im Kloster Arkádi oder in der Melidóni-Höhle beispielsweise. An den Hängen des Psiloritís und weiter westlich findet man lang gepflegte Traditionen zwischen Musikern, Schaf- und Ziegenzüchtern in Anógia, Lieblichkeit im Amári-Tal, Wasserreichtum sowie einen bezaubernden Ortskern in Argiroúpoli. Einkaufen kann man hier auch gut: Avocado- und Johannisbrotprodukte in Argiroúpoli, Keramik im Töpferdorf Margarítes, Kräuter in Maroulás.

In diesem Kapitel:

ADAC Top Tipps:

4 **Réthimno**
| Altstadt |
Romantische Innenhöfe, Gassen mit Renaissancebauten und osmanischen Details, ein schmucker kleiner Hafen und ein langer Strand zu Füßen einer wuchtigen Festung. 46

5 Moní Arkádi

| Kloster |

Kretas Nationalheiligtum wirkt mit seiner Renaissancefassade geradezu idyllisch und erinnert erst auf den zweiten Blick an den kretischen Freiheitswillen und eine Tragödie. 58

ADAC Empfehlungen:

8 Préveli

| Strand |

Uralte Klöster und schroffe Felswände sowie ein von Palmen gesäumter Fluss am Strand. 54

9 Keramíon, Margarítes

| Geschäft |

Traditionelles Töpferhandwerk, modern interpretiert. 60

10 Melidóni-Höhle

| Tropfsteinhöhle |

Ab in die Unterwelt! Stalagmiten und Stalaktiten in mystischem Licht. 60

11 Avli Lounge Apartments, Réthimno

| Hotel |

Boutiquehotel mit Stil in graziösen venezianischen Stadthäusern. 64

17 Réthimno

Lebhaft, venezianisch-orientalische Details, langer Strand

Im Hafen von Réthimno geht es früh am Morgen noch recht beschaulich zu

Information

■ Touristen-Info Sof. Venizélou 20, 74100 Réthimno, Handelshafen, Tel. 2831021459, www.rethymno.guide, Mo–Fr 8–14 Uhr. Im Sommer auch Info-Points am venezianischen Hafen und an der Platía Tessáron Martíron.

■ Parken: siehe S. 50

4 *Réthimnos Altstadt ist ein – höchst lebendiges – Freiluftmuseum*

Mit Blumen geschmückte Gassen und Plätze, venezianische und osmanische Wohnhäuser, Minarette und ein stimmungsvoller venezianischer Hafen, bewacht von der mächtigen Festung – die Altstadt von Réthimno fasziniert mit viel historischem Flair, und zugleich bilden Studenten und Badeurlauber, Alteingesessene und Kulturbeflissene eine freundlich-einladende Szenerie.

Im 4. Jh. v. Chr. war die damals Rithymna genannte Hafenstadt ein autonomer Staat. Viele Jahrhunderte später errichteten die Venezianer ein erstes Kastell (13. Jh.), im 14. Jh. entwickelte sich der Hafen zum bedeutenden Warenumschlagplatz. Das kulturelle und politische Leben blühte. Kirchen und Palazzi im Stil der Renaissance wurden erbaut,

Plan
S. 48

Gelehrte und Künstler ließen sich hier nieder. Im 16. Jh. wuchs die Bedrohung durch die Türken. Ihren Angriffen konnte die riesige Festung (1573–80) auf dem Hügel im Nordwesten der Altstadt nicht standhalten. Im Jahr 1646 fiel die Stadt in türkische Hand. Moscheen, Minarette und den Hausfassaden vorgeblendete Holzerker erzählen noch heute von jener Epoche. Als nach dem Türkisch-Griechischen Krieg 1897 die europäischen Großmächte Kretas Geschicke bestimmten, stand Réthimno unter russischer Verwaltung. 1973 wurde hier die Philosophische Fakultät der Universität von Kreta gegründet. Östlich der Marina beginnt die Ferienzone, die sich mit Sand- und Kiesstränden über 15 km hinzieht. Hier reihen sich Hotels, Restaurants und Cafés aneinander. In Réthimno lassen sich Strand- und Stadturlaub gut kombinieren.

Sehenswert

1 Platía Tessáron Martíron

| Platz |

Auf dem »Platz der vier Märtyrer« thront die Bronzestatue von Kóstas Giamboudákis, der sich und andere vor den Türken Schutz suchende Kreter 1866 im Kloster Arkádi in die Luft sprengte. Vom kretischen Widerstand zeugt auch die Kirche Tessáron Martíron im Osten des Platzes. An den Platanen davor hängten die Osmanen vier Kreter auf, die am christlichen Glauben festhielten. Drei davon sind in der Kirche begraben.

2 Stadtpark

| Park |

Bänke unter Kiefern, Palmen und Orangenbäumen sowie ein Spielplatz bilden ein Refugium im urbanen Trubel.

■ Igoúmenou Gavriíl

Gefällt Ihnen das?

Wer gern in das moderne kretische Leben eintauchen möchte, der ist nicht nur hier in Réthimno gut zwischen den Einheimischen aufgehoben. Der Insel-Tourismus vermischt sich auch in **Chaniá** (S. 66), in **Iráklio** (S. 116) und in **Ágios Nikólaos** (S. 148) gut mit dem kretischen Alltag.

3 Megáli Pórta

| Architektur |

Der steinerne Torbogen Megáli Pórta bildet den südlichen Eingang zur Altstadt und ist der einzige erhaltene Teil der im 16. Jh. erbauten Stadtmauer.

■ Ethnikís Antistáseos/Ecke Dimakopoúlou

4 Archäologisches Museum

| Museum |

Bis das neu geplante Archäologische Museum fertig ist, zeigt eine Übergangsausstellung in der einstigen katholischen Kirche San Francesco einige der Exponate. Vor dem Betreten fällt einem das Renaissanceportal aus dem 16. Jh. auf. Im Inneren sieht man Fundstücke aus minoischer Zeit. Aus spätminoischer Zeit stammen kunstvoll mit Tieren und Jagdszenen bemalte Sarkophage aus der Nekropole von Arméni. Die jüngsten Exponate stammen aus der ersten byzantinischen Epoche.

■ Ethnikís Antistáseos/Agíou Fragískou, Tel. 28 31 02 75 06, www.archmuseumreth.gr, April–Okt. Mi–Mo 9–17, Nov.–März Mi–Mo 8.30–15.30 Uhr, 4 €, erm. 2 €

5 Neratzés-Moschee

| Architektur |

Drei Kuppeln überwölben das Bauwerk mit dem schlanken Minarett. Im 16. Jh. als katholische Kirche errichtet, wurde es dann im Jahr 1657 von den Türken in eine Moschee umgewandelt. Heute dient es als Konzertsaal und Musikschule.

■ Platía Títou Peticháki

6 Historisches und Volkskundliches Museum

| Museum |

In einem venezianischen Palazzo aus dem 17. Jh. widmet sich das Museum dem Leben und Arbeiten der Kreter im 18. und 19. Jh. In fünf Sälen zeigt es Körbe, Handarbeiten wie Lochstickerei und Weben, Kleidung, landwirtschaftliches Gerät und Utensilien von Töpfern und Korbflechtern.

■ Vernárdou 28–30, Tel. 28 31 02 33 98, Mo–Sa 10–14.30 Uhr, 4 €, erm. 2 €

7 Rimondi-Brunnen

| Brunnen |

Den markanten Brunnen am kleinen Platz voller Cafés und Tavernen stiftete 1629 der venezianische Statthalter Alvise Rimondi. Unter einem durchgehenden Gesims gliedern vier Säulen mit korinthischen Kapitellen die Brunnenwand. Aus Löwenköpfchen ergießt sich Wasser in ein niedriges Becken.

■ K. Paleológou/Ecke Moschovítou

8 Venezianische Loggia

| Architektur |

Die im 17. Jh. erbaute Loggia, ein quadratisches Gebäude aus hellem Kalkstein mit hohen Rundbogen-Portalen, diente einst dem venezianischen Adel als feudales Versammlungshaus. Heute beherbergt der elegante Bau den Museumsshop des Kultusministeriums.

■ K. Paleológou/Ecke Arkadíou

9 Venezianischer Hafen

| Hafen |

Fischerboote schaukeln in dem von einer langen Mole mit Leuchtturm geschützten Hafenbecken, landseitig gesäumt von pastellfarbenen Häusern. Den Reiz dieses Fleckchens haben längst auch die Tavernenwirte erkannt, die ihre Tische dicht an dicht entlang dem Wasser aufgebaut haben und mit üppigen Auslagen an Fisch und Meeresfrüchten um die Aufmerksamkeit der flanierenden Gäste wetteifern.

ADAC Mittendrin

Kretas größter **Karnevalsumzug** findet in Réthimno statt. Das landesweit bekannte Event am Karnevalssonntag (meist ein anderer Termin als bei uns, siehe S. 174, ist ein tolles Erlebnis – fast nur zwischen Einheimischen. Die Straßenparade aus verkleideten Teams und ein paar Wagen verläuft ab 14 Uhr entlang der Koundouriótou. Anschließend geht die Party auf Plätzen, in Cafés und Bars weiter – gute Laune ist hier garantiert.

10 Museum für Zeitgenössische Kunst

| Museum |

Interessante Einblicke in die zeitgenössische griechische Kunstszene präsentiert das Museum in Wechsel- und interessanten Dauerausstellungen etwa zum Werk der Fotografin Spiridoúla Políti und den teilweise surrealistisch anmutenden Gemälden des lokalen Künstlers Leftéris Kanakákis.

■ Mesologíou 32, www.cca.gr, Mai–Okt. Di–Fr 9–14 und 19–21, Sa, So 10–15, Nov.–April Di–Fr 9–14, Mi, Fr zusätzl. 18–21, Sa, So 10–15 Uhr, 3 €, erm. 1,50 €, Do Eintritt frei

11 Fortezza

| Festung |

Die gewaltige Festung aus der zweiten Hälfte des 16. Jh. hielt den Türken im Jahr 1646 keine vier Wochen stand. Im Inneren sieht man Zisternen und zwei

Plan S. 48

Von Réthimnos Festung hat man einen schönen Blick bis weit hinaus aufs Meer

Kapellen in einem ruinösen Zustand. Restauriert wurde der schlichte Kuppelbau der Sultan-Ibrahim-Moschee aus dem Jahr 1646. Herrlich ist der Blick über die Dächer der Stadt und auf das Meer. Im Sommer finden zwischen den Festungsmauern manchmal Veranstaltungen wie Konzerte und Theateraufführungen statt.

■ Oberes Ende der Chimarás, Tel. 28 31 02 81 01, Mai–Okt. tgl. 8–19.30, Nov.–April tgl. 10–17 Uhr, 4 €, erm. 3 €, Familienticket 10 €

Verkehrsmittel

Busbahnhof Fernbusse in alle Richtungen. ■ Kefalogiánnidon/Ecke Igoúmenou Gavriíl, Tel. 28 31 02 22 12, www.e-ktel.com, Plan S. 48 a2

Linienbusse zwischen der Altstadt und den Hotels im Osten der Stadt halten an der Platía Tessáron Martíron. ■ Plan S. 48 b2

Parken

Kostenfreie Parkplätze (ausgeschildert) gibt es an der Küstenstraße Stamathioudáki unterhalb der Festung, manchmal auch südlich der Platía Tessáron Martíron. Kostenpflichtige Parkplätze gibt es z.B. am Venezianischen Hafen, Rethymno Port Parking, und an der Marina (1,70 € für die erste Stunde zzgl. 0,30 bzw. 0,60 €/Std.).

Restaurants

€–€€ | 1600 Raki Ba Raki Kreativ, mit viel Farbe gestaltetes rakádiko in altem Gemäuer mit offener Küche. Köstliche mezédes. ■ Arambatzóglou 17, Tel. 28 31 05 82 50, Plan S. 48 b2

€€ | Prima Plora Kreativ verfeinerte kretische Küche mit vielen Bio-Gerichten in romantischer Kulisse. ■ Akrotiríou 4, Tel. 28 31 05 69 90, www.primaplora.gr, Plan S. 48 westl. a3

€€–€€€ | Avlí Kreative kretische Küche und exzellente Weinauswahl in stimmungsvollem Ambiente im grünen Innenhof. ■ Xanthoudídou 22, Tel. 28 31 05 82 50, www.avli.gr, Plan S. 48 b1

€€–€€€ | Knossós Am venezianischen Hafen findet man diese in der dritten Generation geführte stimmungsvolle Taverne mit Fisch und Meeresfrüchten, die köstlich munden. ■ Venezianischer Hafen, Tel. 28 31 02 55 82, Plan S. 48 b1

Einkaufen

Museumsshop Originalgetreue Kopien archäologischer Funde aus dem ganzen Land. ■ K. Paleológou/Ecke Arkadíou, Tel. 28 31 05 32 70, Plan S. 48 b2

Níkos Síragas Schön geschnitzte und gedrechselte Gefäße sowie Skulpturen aus Olivenholz. ■ Petalioti 2, www.siragas.gr, Plan S. 48 östl. c2

Spántis Handgemachte Lederwaren ■ Koronéou 9, www.leather-workshop.com, Plan S. 48 a2

Kneipen, Bars und Clubs

Cavo Rethymno Stylishes Open-Air-Bar-Restaurant mit Blick auf die Festung und Wohlfühlambiente unter Palmen gleich am Meer. ■ Akrotiríou 13, www.cavorethymno.gr, tgl. ab 18 Uhr, Plan S. 48 westl. a3

Kípos tou Ali Vafi (Vafi's Garden) Ein von osmanischen Mauern umgebener farbenfroher Innenhof sorgt für das schöne Ambiente, gute Cocktails und ebensolche Kulturveranstaltungen machen beste Laune. ■ Tzane Bouniáli 65, Tel. 28 31 02 32 38, Plan S. 48 b2

Livingroom Ein Klassiker unter den Lounge-Bars an der Strandpromenade. ■ Sof. Venizélou 5, www.livingroom.gr, Plan S. 48 östl. c2

Kinder

Dolphin Cruises Ausflugs- und Angeltouren; die Kinder lieben natürlich vor allem das Piratenschiff. ■ Venezianischer Hafen, Tel. 28 31 05 76 66, www.dolphin-cruises.com, Plan S. 48 b1

Events

Renaissance-Festival Musik, Theater und Ausstellungen von europäischen Künstlern in der ganzen Stadt. ■ Mitte Sept., www.rfr.gr

Kreta-Diät-Festival Kretischer Wein, lokale Kulinaria und Folklore im Stadtpark. ■ In der ersten Juli-Woche, www.cretan dietfestival.gr, Plan S. 48 b2/c2

Im Blickpunkt

Kretas Kräuterwelt

Wer in den Bergregionen unterwegs ist, wird schnell in Kretas Kräuterwelt katapultiert. Salbei, Thymian, Oregano und endemischer Díktamos machen Lust auf mehr. Díktamos erlebt in den letzten Jahren eine Art Renaissance, galt er doch schon bei den Minoern als Allheilmittel. Heute wird das beruhigende Kraut mit der antibakteriellen Wirkung in vielen Läden der Insel verkauft. Wer mehr erfahren möchte und sich für Aromatherapie und alternative Heilverfahren interessiert, der wird im kleinen **Marianna's Workshop** fündig, wo auf traditionelle Art Hausmittelchen, Öle, Salben und Tees gewonnen werden. *Maroulás, www.mariannas-workshop.gr, Mo–Sa 10–19, So 10–15 Uhr*

Erlebnisse

35N Cretan Distillery In dieser Destillerie gibt es diverse Varianten von exzellentem kretischen Tresterschnaps, aber auch Ouzo. Die Flaschen in schickem Design kann man auch kaufen. ■ Zwischen Pigianós Kámpos und Sfakáki, Tel. 2831071568, www.35n.gr, Mo–Sa 9–14 Uhr

Asteria Open Air Cinema Im Sommer werden im Freiluft-Kino jeden Abend (meist um 21 und 23 Uhr) englischsprachige Filme mit griechischen Untertiteln gezeigt. ■ Melissinoú 21, Tel. 2831022830, asteria-open-air-cinema.business. site, 7 €, erm. 5 €

Ergastírio Fílou Kroústas ke Kataífi Gíorgos Chatziparáschos wirft inzwischen mit Unterstützung seines Sohnes Paraskevás in seiner Backstube schwungvoll den Teig in die Luft. Dieser wird zu einer Blase und dann ganz dünn über den Tisch gedehnt. Katerína, die Frau im Haus, macht daraus die süße Spezialität Baklavá. ■ Vernárdou 30, Tel. 2831029488, Pan S. 48 b2

In der Umgebung

Maroulás

| Ort |

Das Dörfchen mit der historischen Bausubstanz lockt zu einer kleinen Erkundungstour. Maroulás besticht mit einer tollen Mischung aus restaurierten, aber auch verfallenen venezianischen und osmanischen Häusern, uralten Olivenpressen und einem all diese Bauten überblickenden Turm. In der Taverne Katerína nahe dem Turm kann man gut essen und einen grandiosen Blick auf das Meer genießen. Kräuterfans besuchen den mit viel Begeisterung von Marianna geführten Workshop (siehe »Im Blickpunkt«, S. 51).

Nekropole von Arméni

| Archäologische Stätte |

Der spätminoische Friedhof mit rund 250 Gräbern aus der Zeit zwischen 1400 und 1200 v. Chr. liegt idyllisch im Schatten eines Eichenwaldes. Die in den Fels gehauenen Familiengräber wurden alle gleich aufgebaut: Eine Felstreppe führt hinab in einen 3–5 m langen Gang. An seinem Ende befindet sich der einst mit einem großen Stein verschlossene Eingang zur Grabkammer, in der jeweils Sitzbank und Mittelsäule aus Fels stehen gelassen wurden. Särge aus Holz oder Ton und große píthoi (Krüge) bargen dort zahlreiche Skelette.

■ Arméni, Mai–Okt. Mi–Mo 9–17, Nov.–April Mi–Mo 8.30–15.30 Uhr, 3 €, erm. 2 €

18 Argiroúpoli

Bergdorf mit antiken Überresten, kühlen Quellen und schöner Natur

Eine Entdeckungstour durch Argiroúpoli beginnt im oberen Ortsteil, wo ein überwölbter Torgang den Eingang zum historischen Ortskern bildet. Das Dorf wurde auf den Ruinen der antiken Stadt Láppa erbaut und war auch noch in späteren Jahrhunderten besiedelt. In den Gassen zeugen noch viele Details aus vergangenen Jahrhunderten. Einen Ortsplan bekommt man bei Lappa Avocado (siehe rechte Seite) im Torbogen. Dahinter geht es die Hauptgasse entlang an einer venezianischen Villa und einem römischen Portal vorbei zur Kapelle Agía Paraskeví. Die Stufe vor dem Kirchhof, auf dem eine antike Säule thront, besteht aus dem Deckel eines antiken Kindersarkophags. Wieder zurück auf dem Hauptweg, führt die Tour zur bedeutendsten Attraktion, dem teils erhaltenen Bodenmosaik

Knapp 300 m über dem Meer lockt das Bergdorf Argiroúpoli zur Sommerfrische

(3. Jh.) einer römischen Therme. Mit dem Mietwagen geht es danach gen Norden. Vor dem Erreichen des unteren Ortsteils lohnt ein Abstecher in Richtung Káto Póros. Ein Schild (»Church of 5 Holy Virgins«) weist kurz nach der Abzweigung von der Straße zum Fußweg. Er führt vorbei an in den Felsen gehauenen römischen Kammergräbern zur Kapelle. Unterhalb imponiert eine uralte zweigeteilte Platane. Die berühmten Wasserfälle befinden sich im Unterdorf von Argiroúpoli. In dem tiefgrünen Tal haben Tavernen mit Forellenzucht die alten Wassermühlen ersetzt. Der Rest einer Mühle ist in der Taverne Paliós Mylos zu sehen.

Restaurants

€€ | Athivolés Spezialität des beliebten Ausflugsrestaurants sind frische Forellen. ■ An den Quellen, Tel. 28 31 08 11 01, www.athivoles.com

Einkaufen

Creta Carob Produkte wie Sirup, Tee, Pasta, Kekse, Brotaufstrich oder Seife aus Schoten des Johannisbrotbaums. ■ Nördlicher Ortsrand, Tel. 28 31 08 11 50, www.cretacarob.com

Lappa Avocado Kosmetik auf Basis von Avocadoöl, Seifen und Kräutern. ■ Im Tordurchgang, Tel. 28 31 08 10 70, www.lappa-avocado.gr

19 Plakiás

Ferienort für Individualreisende am Libyschen Meer

Plakiás ist inzwischen einer der beliebten Ferienorte an der Südküste, wird jedoch noch immer gern von Individualreisenden besucht. Schön ist der 1,5 km lange, bis zu 30 m breite Sandstrand. Er fällt flach ab und ist daher bei Familien mit kleinen Kindern beson-

ADAC Wussten Sie schon?

Kirchlein im Puppenhausformat, sogenannte **Ikonostásia,** sind auf den Straßen, oft an Kurven und steilen Berghängen, immer wieder präsent. Sie markieren meist Stellen, an denen jemand bei einem Unfall verstorben ist. Aufgestellt werden sie allerdings auch, wenn jemand scheinbar wundersam glimpflich davongekommen ist; dann aus Dank an einen Heiligen.

ders beliebt. Rund um das im Hochsommer meist proppenvolle Örtchen, das von zwei Schluchten gerahmt wird, gibt es viel Raum für ausgedehnte Ausflüge, darunter Olivenhaine für ausgiebige Spaziergänge, ruhige benachbarte Buchten oder die pittoresk an einem grünen Berghang thronenden Dörfer Selliá, Mírthios und Marioú, in denen Tavernen den kulinarischen Genuss mit herrlichen Aussichten kombinieren.

Restaurants

€–€€ | Marioú Auf der mit Blumen geschmückten Terrasse mit einem schönen Blick über die Bucht speist man z.B. geschmorte Leckereien aus dem Holzofen. ■ Marioú, Tel. 28320318 55, Mo, Mi–Sa ab 16, So ab 13 Uhr

€€ | Gióma Fisch- und Meeresfrüchtevariationen auf Tischen, an denen sich fast die Wellen brechen. ■ An der Mole, Tel. 28 32 03 20 03

Sport

Plakiás Horse Riding Center Der familiär geführte Reitstall liegt idyllisch in einem Olivenhain und ermöglicht schöne Ausritte in die Berge sowie am Strand. Für Kinder gibt es auch Ponys. ■ Damnóni (östl. von Plakiás), Tel. 28 32 031196, www.cretehorseriding.com

In der Umgebung

Oriseum Papá Michális
| Museum |
Der Priester Papá Michális Georgoulákis (1921–2008) hat zeit seines Lebens Alltägliches und Ausgefallenes zusammengetragen und in seinem Elternhaus zu einer Sammlung vereint: von alten Postkarten über Werkzeuge und sakrale Objekte bis zu den Schuhen getöteter kretischer Freiheitskämpfer.
■ Asómatos, Tel. 28 32 0316 74, tgl. 10–15 Uhr, 3,50 €

20 Préveli

8 *Palmencanyon mit im Meer mündendem Fluss und Klosteranlagen*

Der Name Préveli steht für einen schönen Strand vor einem wilden Canyon, für eine Ruine und ein Kloster – eines der beliebtesten Ziele an der Südküste. Hier kommen Kulturfreunde, Strand- und Naturliebhaber gleichermaßen auf ihre Kosten, auch wenn es am Strand ziemlich voll werden kann. Der Weg nach Préveli führt durch die etwa 3 km lange Kourtaliótiko-Schlucht mit dem Fluss Megalopótamos, der am Strand ins Libysche Meer mündet. Vorbei an einer osmanischen Brücke von 1850 erreicht man die Gegend von Préveli, die während des Zweiten Weltkriegs eine besondere Rolle hatte. Die Mönche des Klosters Píso Préveli verhalfen britischen Soldaten von hier aus zur Flucht. Ein Denkmal zwischen Strandparkplatz und Kloster erinnert daran.

Sehenswert

Ruine Káto Préveli

| Architektur |

Die Ruine des alten Klosterguts liegt unterhalb der zum Strand führenden Straße. Das im 17. Jh. gegründete Gut, in dem die jüngeren Mönche wohnten und die Ländereien bestellten, wurde im 19. Jh. von den Osmanen zerstört und ist seitdem unbewohnt.

Moní Píso Préveli

| Kloster |

Das Kloster Píso Préveli thront hoch über dem Meer. Ein kostbares Segenkreuz bringt viele Pilger in die zweischiffige Klosterkirche von 1836 und soll schon Wunder vollbracht haben. Im Klostermuseum sind kostbare Ikonen aus dem 17./18. Jh. und liturgisches Gerät zu sehen.

■ www.preveli.org, April–Mai tgl. 8–19, Juni–Okt. Mo–Sa 8–13.30 und 15.30–17, So 8–17 Uhr, 3 €

Préveli Beach

| Strand |

Rund 400 Treppenstufen führen vom Parkplatz in etwa 20 bis 30 Minuten hinab zum berühmten grausandigen Strand von Préveli. Ihren besonderen Charme verdankt die längliche, von rötlichen Felswänden gesäumte Bucht in erster Line dem Fluss Megalopótamos, der hier die Berge verlässt und durch eine Palmenoase, gespickt mit Pinien und Zypressen, nach einer fotogenen Kurve ins Meer mäandert. Der schattenlose Sandstrand erstreckt sich zwischen Fluss und Meer. Eine einfache Snackbar sorgt für Verpflegung.

Restaurants

€ | **Géfyra** Traditionelle griechische Küche serviert man hier im Schatten von Bäumen am Fluss; das Restaurant wird auch gern von Einheimischen besucht. ■

An der Brücke, Tel. 6944986740, www.tavernagefyrapreveli.gr

Préveli ist berühmt für seinen grausandigen, vom Fluss in zwei Hälften geteilten Strand

ADAC Wussten Sie schon?

Der **kretische Waffenkult** ist berühmt-berüchtigt und geht auf die jahrhundertelange Fremdherrschaft zurück. Noch heute sind auf Kreta ungezählte Waffen im Umlauf. Bis vor einigen Jahren war es auf Festen und Hochzeiten noch üblich, Freudenschüsse abzufeuern. Mittlerweile wird dies stark kontrolliert und bestraft.

21 Spíli

Wasserreiches Bergdorf, gut geeignet für eine gemütliche Rast

Das Bergdorf Spíli an der Verbindungsstraße zwischen Réthimno und Agía Galíni präsentiert sich ganz ursprünglich – mit einer gemütlichen Platía und hübschen Gassen samt blumengeschmückten Häusern. Gleich an der Platía steht ein venezianischer Brunnen mit 25 restaurierten Löwenköpfen, aus denen Trinkwasser in einen Trog fließt. Gegenüber locken Cafés zur entspannten Rast. Bergauf geht es zum Bummel durch das Dorf. Ausgeschildert ist auch ein kleines Museum. Am westlichen Ortsrand verrät das große moderne Kloster mit seiner prachtvoll geschmückten Kirche, dass Spíli Bischofssitz ist.

Sehenswert

Folklore-Museum

| Museum |

Das schmucke Museum in einem restaurierten Dorfhaus zeigt neben handwerklichen und landwirtschaftlichen Geräten Objekte aus einem traditionellen kretischen Haushalt, die auch gern von Manólis, der das Museum leitet, erklärt werden.

■ Tgl. 10–18 Uhr, über eine kleine Spende freut man sich

Restaurants

€ | To Siderádiko Herzlich geführtes, liebevoll eingerichtetes Restaurant mit authentischer Küche (geschmortes Kaninchen, gefüllte Paprika und Tomaten). ■ Hauptstraße, Tel. 6973697116

22 Amári-Tal

Gemütliche Dörfer, byzantinische Kirchlein und schöne Aussichten

Im fruchtbaren Amári-Tal findet man Olivenhaine, Weinberge und Obstplantagen neben urigen Dörfern, uralten Kapellen und kleinen Ausgrabungen. Im Frühling stehen bunte Wildblumen und Kirschbäume in voller Blüte. Die oft noch schneebedeckten Gipfel rundherum sorgen für ein schönes Bild. Bei einer Fahrt durch die reizvolle Naturkulisse locken mehrere Orte zum Halt, so auch Gerakári, Umschlagplatz für die beliebten im Tal wachsenden Kirschen. Nördlich lohnt in Thrónos ein Blick in die anstelle einer frühchristlichen Basilika erbaute Panagía-Kirche mit Fresken aus dem 14. Jh. (Schlüssel in der Taverne Araváneś). Nächstes Ziel ist das Dorf Amári mit venezianischen Häusern, einer blumenreichen Platía und einem markanten Glockenturm. Die ältesten Spuren der Besiedlung der Region fanden Archäologen bei Monastiráki, wo große Magazine aus dem 2. Jt. v. Chr. freigelegt wurden. Dort entdeckte Funde weisen auf ein bedeutendes minoisches Zentrum hin. In Vizári weiter südlich kann man in einer

Olivenholzwerkstatt hübsche Souvenirs erwerben und unterhalb des Ortskerns die bis zu 2 m hohen Reste einer Bischofskirche aus dem 7. Jh. sehen.

Restaurants

€ | Aravánes Familiär und idyllisch speist man im Restaurant Aravánes leckere Fleischgerichte und frische Salate sowie hausgemachtes Brot – garniert mit einer herrlichen Aussicht. ■ Thrónos, Tel. 28 33 02 27 60, www.aravanes.com

23 Agía Galíni

Ein beliebter Badeort mit vielen Stammgästen

Agía Galíni ist zweigeteilt: Der autofreie Ortskern klettert hinter dem überdimensioniert erscheinenden Parkplatz am Hafen mit Treppengassen einen Hang empor. Von den Dachterrassen der Tavernen genießen Urlauber den Blick auf die bunten Fischer- und Ausflugsboote. Östlich führt die Promenade zum Kiesstrand mit neueren Hotels, Pensionen, Strandbars und Tavernen. Wem der Strand im Hochsommer zu voll ist, der besucht mit den am Hafen startenden Booten Buchten in der Umgebung, z. B. Ágios Pávlos westlich des Ferienorts. Oberhalb des Hafens werden die Besucher von den modernen Skulpturen begrüßt. Übrigens: Der sagenhafte Dädalus soll mit seinem Sohn Ikarus in Agía Galíni den ersten Flugversuch unternommen haben.

Restaurants

€–€€ | Stóchos Gute griechische Küche serviert man hier auf einer von Weinlaub beschatteten Terrasse. Geführt wird das Stóchos von einer sympathischen Betreiberfamilie. ■ Am Ortsstrand, Tel. 28 32 09 14 33, www.stochos.gr

€€ | Onár Hafenblick, hervorragende Grillgerichte und leckere mezédes, alteingesessen und auch bei Kretern beliebt. ■ Ortskern, Tel. 28 32 09 12 88

Weiß und Blau sind die vorherrschenden Farben am Hafen von Agía Galíni

24 Moní Arkádi

5 *Ein Kloster als Symbol für den kretischen Freiheitswillen*

■ www.arkadimonastery.gr, April, Mai, Sept. tgl. 9–19, Juni–Aug. tgl. 9–20, März, Okt. tgl. 9–18, Nov.–Feb. tgl. 9–16 Uhr, 3 €

Das trutzige Arkádi-Kloster, gegründet im 14. Jh., liegt friedlich auf einer 500 m hohen Anhöhe und gilt als Nationalheiligtum. Während des kretischen Widerstands gegen die Osmanen war es Schauplatz eines entsetzlichen Ereignisses. Als Sitz des Revolutionskomitees der Region suchten seit Mai 1866 viele kretische Familien aus Angst vor Zwangsmaßnahmen Schutz innerhalb der Klostermauern. Als die Türken am 8. November desselben Jahres das Kloster stürmten, waren dort 1000 Menschen, darunter etwa 600 Frauen und Kinder, versammelt. Da sie den Angreifern nicht in die Hände fallen wollten, entschieden sie sich dafür, sich in die Luft zu sprengen. Das Pulvermagazin, in dem sich die Menschen verschanzten und starben, erinnert noch daran.

Gefällt Ihnen das?

Kirchen und Klöster prägen auf Kreta nicht nur die Kultur. Sie erzählen wie das Arkádi-Kloster auch Geschichte und bergen oft imposante Kunstschätze, z. B. einzigartige Fresken in der **Panagía i Kerá** (S. 156) und wertvolle Ikonen im **Kloster Toploú** (S. 160).

Ein hoch aufragender Glockengiebel ziert die Klosterkirche von Moní Arkádi

Die Kirche und die übrigen Klostergebäude wurden restauriert. So steht das Gotteshaus mit der markanten Renaissancefassade in einem von Blumen geschmückten Klosterhof. Mit seinen Halbsäulen und Gesimsen, den runden Fenstern und Ochsenaugen, den spitzen Ecktürmchen und nicht zuletzt dem hoch aufragenden Glockengiebel ist es wohl ein schönes Beispiel der venezianischen Architektur des 16. Jh.

Links der Kirche kann man im Stamm einer abgestorbenen Zypresse ein türkisches Geschoss entdecken, und das im ehemaligen Refektorium residierende Klostermuseum zeigt neben Ikonen (16.–19. Jh.) und liturgischem Gerät (18./19. Jh.) auch Relikte des Freiheitskampfes. Die Gebeine der Opfer birgt das Beinhaus gegenüber dem Eingang außerhalb des Klosters.

25 Eléftherna

Antike Überreste und neuartiges Museum in reizvoller Landschaft

Das heute eher unscheinbare Dorf Eléftherna und das benachbarte Archéa

Die Zisternen der Akropolis von Eléftherna sicherten einst die Wasserversorgung

Eléftherna liegen auf dem Areal des gleichnamigen antiken Ortes, der bereits von Minoern gegründet und von Dorern im 1. Jt. v. Chr. zu einer wehrhaften Stadt ausgebaut worden war. Diese bestand noch in byzantinischer Zeit, wurde aber im 9. Jh. von Sarazenen zerstört. Heute kommen hier Kultur- und Naturliebhaber gleichermaßen auf ihre Kosten. Die Ruinen liegen in einer üppig bewachsenen Berglandschaft. Archäologen graben hier seit 1985, ein futuristisch anmutendes Museum wurde im Jahr 2016 eröffnet. Infotafeln weisen zu den verstreut im Gelände liegenden Ruinen, etwa zu den Acropolis Cisterns bei Archéa Eléftherna. Der Besichtigungspfad führt über einen langen Bergrücken zur 4 m hohen Ruine eines Wehrturms aus byzantinischer Zeit. Bergab geht es weiter zu zwei riesigen Felskammern, in denen sechs Zisternen die Wasserversorgung der Stadt sicherstellten. Gut sehen kann man vom hiesigen Gelände das moderne Schutzdach über der Nekropole von Orthí Pétra aus geometrischer Zeit (9.–7. Jh. v. Chr.). Sie ist am besten über das Dorf Eléftherna mit dem Auto zu erreichen. Zuvor lohnt aber auch noch ein Blick in die ebenfalls mit dem Auto zu erreichenden Ausgrabungen des antiken Stadtzentrums. Neben Resten eines römischen Thermalbades und einer Basilika aus dem 6. Jh. sind dort auch Grundrisse von Wohnhäusern aus hellenistischer und römischer Zeit erhalten. Die aktuellen Öffnungszeiten von Nekropole und antiker Stadt erfragt man am besten am Museum (4 €, erm. 2 €).

Sehenswert

Archäologisches Museum

| Museum |

Alltagsgegenstände sowie einst aus dem Mittelmeerraum importierte Objekte aus der Zeit zwischen 3000 v. Chr. und 1500 n. Chr. zeugen im modern ausgestatteten Museum vom einstigen Leben vor Ort und vom florierenden Handel. Zudem werden mit Funden aus Orthí Pétra, darunter Goldschmuck, Waffen und Tongefäße, die alten Bestattungsriten thematisiert.

■ Eléftherna, www.mae.uoc.gr, Nov.–April Mi–Mo 8.30–15.30, Mai–Okt. Mi–Mo 10–18 Uhr, 4 €, erm. 2 €

In der Umgebung

Margarítes In dem hübschen Töpferdorf waren bis in die erste Hälfte des 20. Jh. viele Handwerksbetriebe ansässig, die große Vorratskrüge (píthoi) für Wein, Öl oder Getreide herstellten. Heute sind hier noch eine Handvoll Töpfer anzutreffen.

9 **Keramíon** Gíorgos Dalamvélas fertigt hübsche Deko-Objekte und Gebrauchswaren aus Ton vom Fuß des Ida-Gebirges. Zudem werden hier auch regelmäßig Töpferseminare organisiert. ■ Hauptstraße von Margarítes, www.keramion.gr

26 Pánormo

Beliebter kleiner Badeort und sehenswerte Tropfsteinhöhle

Das einstige Fischerdorf an der Nordküste ist eine ruhigere Alternative zu den restlichen Küstenorten östlich von Réthimno. Im Kulturzentrum, untergebracht in einer alten Johannisbrotfabrik, finden im Sommer kulturelle Events und Konzerte statt. In der Dorfkirche kann man sich moderne Fresken ansehen. Der alte Dorfkern liegt auf einer kleinen Anhöhe über dem Meer. Unten lockt nahe dem Hafen ein kleiner Sandstrand.

In der Umgebung

Melidóni-Höhle

| Tropfsteinhöhle |

10 *Geschichtsträchtige Höhle, magisch illuminiert*

Die Tropfsteinhöhle Melidóni zeugt von einer tragischen Geschichte, an die

Unterhalb des alten Dorfkerns von Pánormo gibt es einen kleinen Sandstrand

in ihrem Inneren ein Sarkophag mit Gebeinen erinnert. Während der Freiheitskriege versteckten sich hier im Jahr 1824 mehr als 300 Kreter vor der türkischen Armee in der Höhle. Als die Osmanen sie entdeckten und nicht zum Herauskommen bewegen konnten, warfen sie brennende Büsche ins Innere, woraufhin die Eingeschlossenen qualvoll erstickten.

■ Melidóni, Tel. 69 41 56 12 61, www.melidoni.gr, Mai–Sept. 9–20, April/Mitte Okt. 9–19 Uhr, 4 €, Kinder 3 €

Restaurants

€–€€ | Kástro Eine freundliche Taverne mit inseltypisch leckerer Küche, in der sich die ganze Familie herzlich gern um das Wohlergehen ihrer Gäste kümmert. ■ Südwestlicher Ortsrand, Tel. 28 34 05 13 62, www.e-kastro.gr

Einkaufen

Paraschákis Olivenöl direkt vom Erzeuger. ■ Zwischen Melidóni und Pérama, Tel. 28 34 02 20 39, www.paraschakis.gr, Mo–Sa 9–18 Uhr

Entspannung

Relaxika Diverse Beauty-Anwendungen und Massagen in Wohlfühlambiente sorgen für Entspannung pur. ■ Ortskern, Tel. 69 32 14 10 55, www.relaxika.gr

27 Anógia

Kretas bekanntestes Bergdorf und Zentrum der Freiheitsliebe

Das große Bergdorf am Hang des Psilorítis ist eine Hochburg kretischer Freiheitsliebe, seine Bewohner gelten

ADAC Mittendrin

Hochzeiten werden in Anógia bis heute auf ganz traditionelle Weise gefeiert und sind ein landesweites Ereignis. Eingeladen sind meist alle Dorfbewohner und auch Gäste von außerhalb. So kommen auf einem der Dorfplätze und in den Straßen von Anógia schnell Tausende von Menschen zusammen, die das junge Glück mit viel Musik, Tanz und Essen feiern. Auch als Fremder darf man sich hier meist dazugesellen.

als traditionsverbunden, rebellisch und musikalisch – viele bekannte kretische Musiker stammen von hier wie z. B. Georgos Tramoundanis alias »Ludovikos von Anógia«, der auch die treibende Kraft hinter einem meist jährlich in der letzten Juliwoche außerhalb des Orts stattfindenden Open-Air-Musikfestivals ist. An der Platía im unteren Dorfteil befindet sich das Geburtshaus von Níkos Xiloúris (1937–1980), dem bis heute berühmtesten Lyra-Spieler Kretas. Ein Raum ist als Gedenkstätte eingerichtet, seine Wände sind über und über mit Fotos, Zeitungsausschnitten und Plattencovern bedeckt. In den urigen kafenía an der Platía im oberen Dorfteil sitzen die Älteren noch gern in traditioneller Tracht: in Pumphose und schwarzem Hemd, mit dem typischen Fransenkopftuch (saríki) und in Lederstiefeln. Oft laden sie Touristen zu einem Raki ein. Abends lauschen sie kretischen Klängen – gern live, wenn sich eine Gruppe junger Männer spontan zum Raki mit der Lyra im Gepäck trifft. In den Gassen rundherum bieten Frauen Web-, Häkel- und Stickarbeiten an. Fleischliebhaber kommen hier voll auf ihre Kosten. Anógia ist nämlich auch ein Zentrum für die Schaf- und Ziegenzucht auf Kreta.

Sehenswert

Alkiviádis-Skoulás-Museum

| Museum |

Der Autodidakt Alkiviádis Skoulás (1902–1997) entdeckte erst im Alter von 70 Jahren sein Talent und die Liebe zur Kunst. In seinen Holzskulpturen und naiven Gemälden thematisierte der Künstler das traditionelle Landleben und die kretischen Freiheitskämpfe. Heute betreibt sein Sohn, Giórgos Skoulás, das winzige Museum und freut sich über eine kleine Spende. Manchmal spielt er auf seiner Lyra.

■ Tel. 28 34 03 15 93 (nur griechisch)

Restaurants

€ | Ta Skalómata Alteingesessen mit allem, was das Fleisch-Fan-Herz begehrt, vom Lamm bis zur Bauernwurst, regionale Milchprodukte und auch Vegetarisches. ■ Meintáni (oberer Dorfplatz), Tel. 28 34 03 13 16

Cafés

Platía tou Syntágmatos Fotos und Zeitungsausschnitte erinnern im kafenío an die Inhaberfamilie. Unter Maulbeerbäumen genießt man griechischen Mokka (ellinikós kafé) oder rakí. ■ Perachóri (unterer Dorfplatz)

Zacharoplastío Skandáli Unbedingt probieren sollte man das Eis und das galaktoboúreko (mit Grießpudding gefüllter Filo-Teig); beides aus Schafsmilch. ■ Meintáni (oberer Dorfplatz)

28 Axós

Ursprüngliches Dorf mit Kirchlein, Tropfsteinhöhle und Skulpturen

Im 8./7. Jh. v. Chr. kannten die Griechen das beschauliche Axós als beachtliches urbanes Zentrum. Im Jahr 535 wurde es Bischofssitz, in dem man zuzeiten bis zu 50 Kirchen zählte. Mittlerweile erin-

Einen faszinierenden Blick in 500 Mio. Jahre Erdgeschichte gewährt die Sfentóni-Höhle

nert nur noch eine Handvoll kleiner byzantinischer Gotteshäuser an die ehemalige Grandezza.
Als Ausgangspunkt für eine Erkundungstour bietet sich der Dorfplatz an, um den herum Geschäfte Teppiche und Decken aus Schafwolle feilbieten. Von hier aus kann man der Hauptstraße bergauf zur aus Natursteinen errichteten Kreuzkuppelkirche Agía Iríni folgen. Sie wurde im 14. Jh. an die rückwärtige, etwas ältere Einraumkapelle mit verblassten Freskenresten angebaut. Besser erhalten sind die Fresken im Kirchlein Agios Ioannis (14./15. Jh.) im tiefer gelegenen Dorfteil.

Sehenswert

Museum of Wooden Sculptures

| Museum |

Giórgis Koutántos zeigt in seinem kleinen Museum riesige Holz-Skulpturen, die er aus ganzen Baumstämmen fertigt. Aus Eichen, Zypressen oder Kiefern schafft er fast lebendig wirkende Szenarien, die Mythisches ebenso wie den kretischen Alltag thematisieren.

■ Hauptstraße, Tel. 69 37 69 13 87, www.woodenmuseum.gr, tgl. 10–17 Uhr, 5 €, erm. 3 €

Sfentóni-Höhle

| Tropfsteinhöhle |

Der Eingang der Tropfsteinhöhle öffnet sich in 630 m Höhe am Berghang. Auf einem geführten Rundgang durch die konstant 17 Grad kühle und stimmungsvoll mit wechselnden Farben beleuchteten Tropfsteinsäle gelangt man bis zu 50 m unter die Erde und durchstreift Höhlenräume, deren Stalagmiten und Stalaktiten bis zu 500 Mio. Jahre alt sind.

■ 3 km südl. von Axós, Tel. 28 34 06 17 34, Mitte April–Okt. tgl. 10–17 Uhr, 5 €

Im Blickpunkt

Die Schuld in Zeiten des Krieges

Die Jahre 1941 bis 1945 zählen zu den schrecklichsten in Kretas Geschichte. Die deutsche Wehrmacht ging erbarmungslos gegen jede Form des Widerstands vor. Kamen bei Anschlägen deutsche Soldaten ums Leben, galt die Devise »zehn Kreter für einen Deutschen«. In sogenannten Sühnemaßnahmen wurden rund 8000 Kreter, darunter viele Zivilisten, getötet und mehr als 40 Dörfer zerstört.
Vom 13. bis 15. August 1944 traf die deutsche Militärwillkür Anógia. Den Bewohnern wurde vorgeworfen, Partisanen und britischen Spionen Unterschlupf zu gewähren sowie an der Entführung des deutschen Generalmajors und damaligen Kommandeurs der 22. Infanterie-Division auf Kreta, Heinrich Kreipe, beteiligt gewesen zu sein. Dieser war in einer spektakulären Gemeinschaftsaktion von Kretern und Briten im April 1944 gefangen genommen, zu Fuß über das Psiloritís-Gebirge geschleust und in Kriegsgefangenschaft nach Ägypten gebracht worden. Dafür sollte jemand bluten – ob tatsächlich beteiligt oder nicht.
In einem steinernen Buch vor dem Rathaus ist zu lesen, wie die Bestrafung aussah: Alle Männer im Umkreis von 1 km wurden erschossen, alle Häuser niedergebrannt. Alte und Kranke, die sich nicht rechtzeitig in Sicherheit bringen konnten, kamen in den Flammen um.

Übernachten

Wer im Urlaub eine luxuriöse Bleibe braucht, ist im Regionalbezirk Réthimno hervorragend aufgehoben: Edel übernachten kann man dort sowohl in den schicken Boutiquehotels und Luxusherbergen der Stadt als auch in raffiniert restaurierten Häusern im malerischen Hinterland. Natürlich kommen in der Region auch alle anderen auf ihre Kosten: Es gibt ausgezeichnete Mittelklassehotels in der Stadt, viele familiäre Häuser in Pánormos, Agía Galíni und Plakiás sowie viel Ursprünglichkeit in Anógia und Axós.

Réthimno 46

€–€€ | **Omiros** Stylisch-originelles Boutiquehotel nur für Erwachsene, nah am Strand im Wohnviertel. Wen die Entfernung (rund 3 km) zur Altstadt nicht stört, kann in der Nebensaison hier wahre Schnäppchen machen. ■ Ionías 27, Tel. 28 31 05 00 20, www.omirosboutiquehotel.com

€–€€ | **Golden Coast Seaside Apartments** Nur durch die Uferstraße vom Strand und etwa 2,5 km von der Altstadt entfernt gelegenes, modern und geradlinig eingerichtetes Apartmenthotel mit gutem Preis-Leistungs-Verhältnis. ■ Ári Velouchióti 58/Ecke Sgourafogiánni, Tel. 28 31 02 14 44, www.goldencoastapartments.gr

€€ | **Palazzo Vecchio** Geschmackvoll eingerichtete Zimmer in einem venezianischen Altstadtpalast aus dem 15. Jh. Pool im Innenhof. ■ Ecke Heroon Polytechniou und Melissinou, Tel. 28 31 03 53 51, www.palazzovecchio.gr

€€ | **Palm Beach** Zuvorkommend geführtes, familiäres Apartmenthotel mit hübschen hellen Zimmern und Wohlfühlatmosphäre, am Strand. ■ Sof. Venizélou 66, Tel. 28 31 02 55 97, www.palmbeachhotel.gr

€€–€€€ | **Aquila Porto Rethymno** 5-Sterne-Hotel mit zwei Pools und renovierten Zimmern nahe der Altstadt am Strand. ■ Sof. Venizélou 52a, Tel. 28 31 20 02 00, www.portorethymno.com

11 €€–€€€ | **Avli Lounge Apartments** Stilvoll schlafen in venezianischem Gemäuer – exzellenter Service bei einer der Top-Adressen der Insel. Mit viel Liebe zum Detail eingerichtete Suiten in Häusern aus dem 16./17. Jh. ■ Xanthoudídou 22 & Radamánthios, Tel. 28 31 05 82 50, www.avli.gr

Argiroúpoli 52

€€–€€€ | **Arcus Villas** Fünf luxuriöse Suiten in Häusern aus dem 14./15. Jh. rund um einen idyllischen Garten mit Pool und Grill im historischen Ortskern. Exzellentes Frühstück. ■ Oberdorf, Tel. 28 31 20 02 01, www.arcus.com.gr

Plakiás 53

€ | **Anna Plakiás Apartments** Schmuckes Apartment-Haus mit interessanter Architektur, abseits des Trubels und doch zentral. Highlights sind der Pool auf der Dachterrasse und die Suite mit privatem Pool. ■ Andrianoú, Tel. 69 74 07 83 08, www.anna-plakias.gr

€€ | **Alíanthos Garden** Gepflegte Hotelanlage nah am Strand, gut geeignet für Familien. Pool und Kinderpool, vielseitiges Frühstück, hübsche Zimmer und Studios. ■ Posidónos, Tel. 2832 031280, www.hotelalianthos.com

Amári-Tal 56

€–€€ | Amári Villas Zwei geräumige, charmant eingerichtete, gut ausgestattete Ferienhäuser (140 und 180 m², eines mit Pool), mit je drei Schlafzimmern, sehr gut geeignet für Familien, Gruppen und Ruhesuchende. ■ Amári, Tel. 6973557081

Agía Galíni 57

€ | Astória Familiäres Hotel mit 26 gemütlichen Zimmern und herzlicher Atmosphäre. Besonders schön: das Studio in der dritten Etage mit eigener Dachterrasse. ■ Bizianoú 8, Tel. 283209 1253, www.astoria-agiagalini.gr

€€ | Palazzo Greco Ideal für Freunde schöner Aussichten ist das farbenfroh gestaltete Boutiquehotel. Meerblick gibt es von den Balkonen der Zimmer, vom Pool und beim Frühstück. ■ An der Zufahrtsstraße, Tel. 2832091187, www.palazzogreco.com

Moní Arkádi 58

€€€ | Kapsalianá Village Die Räume und Häuschen rund um die einstige Olivenpresse des Moní Arkádi wurden zu stilvollen Unterkünften, Pool und Restaurant umgewandelt. ■ Kapsalianá (4 km nördlich von Arkádi), Tel. 283108 3400, www.kapsalianavillage.gr

Pánormo 60

€€–€€€ | Villa Kynthia Fünf charmante Zimmer mit historischem Flair rund um den Pool eines denkmalgeschützten Herrenhauses aus dem 19. Jh., in dem man sich wie zu Hause fühlt. ■ Ortskern, Tel. 2834051102, www.kynthia.gr

€€€ | Dalabélos Liebevoll von lokalen Malern und Töpfern gestaltete Studios in Steinhäusern mit Blick über die Hänge zum Meer. Pool, Mountainbikes, Töpferseminare und viele Aktivitäten mehr. ■ Angelianá (südlich von Pánormo, etwa 15 Minuten Fahrt), Tel. 2834022155, www.dalabelos.gr

Anógia 61

€ | Hotel Aristéa Einfache, saubere Zimmer mit TV, Balkon und Panoramablick, außerdem Apartments mit Kamin und Platz für bis zu 7 Personen. ■ Oberes Dorf, Tel. 2834031459, www.hotelaristea.gr

€–€€ | Delína Mountain Resort Komfort nach Erkundungstouren und Wanderungen bieten elegante Zimmer, Pool, Sauna und Wellness-Bereich. Ab und an gibt der Besitzer des Resorts, Vasílis Skoulás, der auch ein begabter Lyra-Spieler ist, ein paar Konzerte. ■ An der Straße zur Nída-Hochebene, Tel. 2834031701, www.delina.gr

Axós 62

€€ | Énagron Einem traditionellen Dorf nachempfundenes Landgut mit großem Freizeitangebot. Angeboten werden beispielsweise Kochkurse, Ausflüge zu lokalen Schafhirten oder botanische Wanderungen mitten in der Natur. Kulinarisch erfreuen sich die Gäste gern an den vielen hier verfügbaren Produkten aus dem eigenen Anbau des Landguts. ■ Tel. 2834061611, www.enagron.gr

Iráklio – Paläste, Strände und viel Kultur

Die Inselhauptstadt lädt zum Ausgehen, Einkaufen und Erleben ein, zum Erkunden des Hinterlands und zum Genießen von Strand und Meer

Der Regionalbezirk Iráklio mit der gleichnamigen Kapitale ist die mit Abstand am stärksten besiedelte Region Kretas. Mit den großen Urlaubszentren Liménas Chersoníssou und Mália westlich der Inselhauptstadt kommen jeden Sommer Hunderttausende Touristen hinzu. Sie alle freuen sich auf ausgiebige Strandbesuche, die häufig gleich vor der Hoteltür möglich sind. Beschaulicher und familiärer urlaubt man im Süden, etwa in Mátala oder – noch abgeschiedener – in Léndas. Erkundenswert und weiterhin recht ursprünglich bleibt auch das Hinterland der Inselmetropole rund um Archánes, wo es in der von Weinbergen geprägten Landschaft kleine Weingüter zu entdecken gilt. Freunde der Kunst wie der Literatur wandeln im Dorf Fódele auf den Spuren des hier geborenen Malers El Greco oder lernen in Myrtiá das Leben und Werk des Dichters Níkos Kazantzákis kennen. Absolute Kultur-Highlights und Must-Sees sind die faszinierenden Hinterlassenschaften der Minoer, im größten Archäologischen Museum Kretas in der Inselhauptstadt genauso wie direkt vor Ort in den minoischen Palastanlagen Knossós, Festós und Mália.

In diesem Kapitel:

ADAC Top Tipps:

6 Archäologisches Museum Iráklio
| Museum |
Kretas bedeutendstes Museum gibt einen hervorragenden Einblick in die minoische Kultur. 72

7 Knossós
| Archäologische Stätte |
Das größte und wichtigste Palastzentrum der Minoer präsentiert die Kultur der Minoer »live vor Ort«. 79

ADAC Empfehlungen:

12 Peskési, Iráklio
| Restaurant |
Gaumenfreuden garantiert! Liebe zum Detail bestimmt hier das Ambiente wie die Kochkunst. 76

13 Zalo Crete, Iráklio
| Einkaufen |
Moderne Andenken und Mitbringsel, originell und handgemacht. 77

14 Weinkellerei Lyrarákis, Alágni
| Erlebnis |
Kretas Weinanbau vom Feinsten: edle Tropfen in schönem Ambiente. 84

15 Vegéra, Zarós
| Restaurant |
Futtern wie bei Muttern – auch zum Mitkochen. 86

16 Górtis
| Archäologische Stätte |
Auf Spurensuche – in Kretas bedeutendster antiker Stätte aus griechisch-römischer Zeit und ganz idyllisch im Olivenhain. 87

17 Wochenmarkt in Míres
| Erlebnis |
Shopping für die Sinne auf Kretas größtem Wochenmarkt. 88

18 Festós
| Archäologische Stätte |
Ausgedehnter minoischer Palast auf einer Anhöhe mit weitem Blick über die Landschaft. 88

19 Hara Ilios Village, Goúves
| Hotel |
Familiär-freundliche Atmosphäre nah am Meer und in hervorragender Lage für Ausflügler. 97

29 Iráklio

Sehenswerte Museen, Shopping und Ausgehen

Am alten Venezianischen Hafen von Iráklio liegen Segeljachten und Fischerboote vor Anker

Information

- Info-Point der Stadt, Platía Nikifórou Foká, Tel. 28 13 40 97 77, www.heraklion.gr, Mo–Fr 8.30–14.30 Uhr
- Parken: siehe S. 76

Die Inselmetropole ist vielleicht nicht die schönste unter den kretischen Städten, dafür aber die größte. Sie bietet grandiose Museen, angesagte Restaurants, Bars, Clubs, reichlich Shoppingmöglichkeiten und urbanes Leben. Anders als in den übrigen Städten der Insel spielt sich das Leben hier weniger am Meer ab, obwohl die quirlige Innenstadt gar nicht weit davon entfernt ist. An der weiten Bucht von Iráklio befand sich bereits in minoischer Zeit ein Hafen des landeinwärts gelegenen Knossós. Die Byzantiner machten die Stadt im 10. Jh. zum Bischofssitz. In venezianischer Zeit blühte sie unter dem Namen Candia auf. Nach dem Fall von Konstantinopel 1453 ließen sich zahlreiche byzantinische Intellektuelle und Künstler hier nieder. Doch kurze Zeit später drohte auch Kreta Gefahr von

Plan S. 70/71

Osmanen aus dem Osten. Ab 1462 wurde ein noch teilweise erhaltener Mauerring mit Bastionen um die Stadt errichtet und stetig ausgebaut. Den Kretern dient die Anhöhe vor allem zwischen den Bastionen Martinego und Ágios Andréas heute zum Spazierengehen. 21 Jahre lang, von 1648 bis 1669, hielt der Mauerring der Belagerung Iráklios durch die Türken stand, dann wurde die Stadt bis 1898 Teil des Osmanischen Reichs.

Einen kurzen Aufschwung zu Beginn des 20. Jh. machte deutsches Bombardement 1941 wieder zunichte. Doch nach dem Zweiten Weltkrieg entwickelte sich Iráklio schnell zur wichtigsten Metropole der Insel: Hafen und Flughafen machten sie zu einem Drehkreuz von Handel und Tourismus, Industriebetriebe siedelten sich im Umland an. Seit dem Jahr 1972 ist Iráklio die Inselhauptstadt und der Verwaltungssitz der Region Kreta. Außerdem ist sie seit 1973 auch Standort der medizinischen Fakultäten der Universität von Kreta, die ihren Sitz in Chaniá hat. Iráklio ist heute die größte Stadt der Insel – und die viertgrößte Griechenlands. Durch mehrere neue Fußgängerzonen wird seit einigen Jahren zumindest an der Optik im Zentrum und an der Küste gearbeitet. Für Kulturinteressierte stehen Museen wie das Archäologische Museum zur Besichtigung bereit. Rund um die Platía Venizélou laden ungezählte Geschäfte zum ausgiebigen Shopping ein, etwa in der Dedálou, in der Dikeosínis und in ihrem Verlauf, der Kalokerinoú.

Auf den Plätzen tummelt sich das Leben. Kreter wie Touristen sitzen gern dort in den Cafés, Restaurants oder Tavernen.

ADAC Spartipp

An bestimmten Tagen im Jahr ist der **Eintritt** für die staatlichen Museen und archäologischen Stätten **frei**: am 6. März, 18. April, 18. Mai sowie am letzten Wochenende im September, am 28. Oktober und an jedem ersten Sonntag der Monate November bis März.

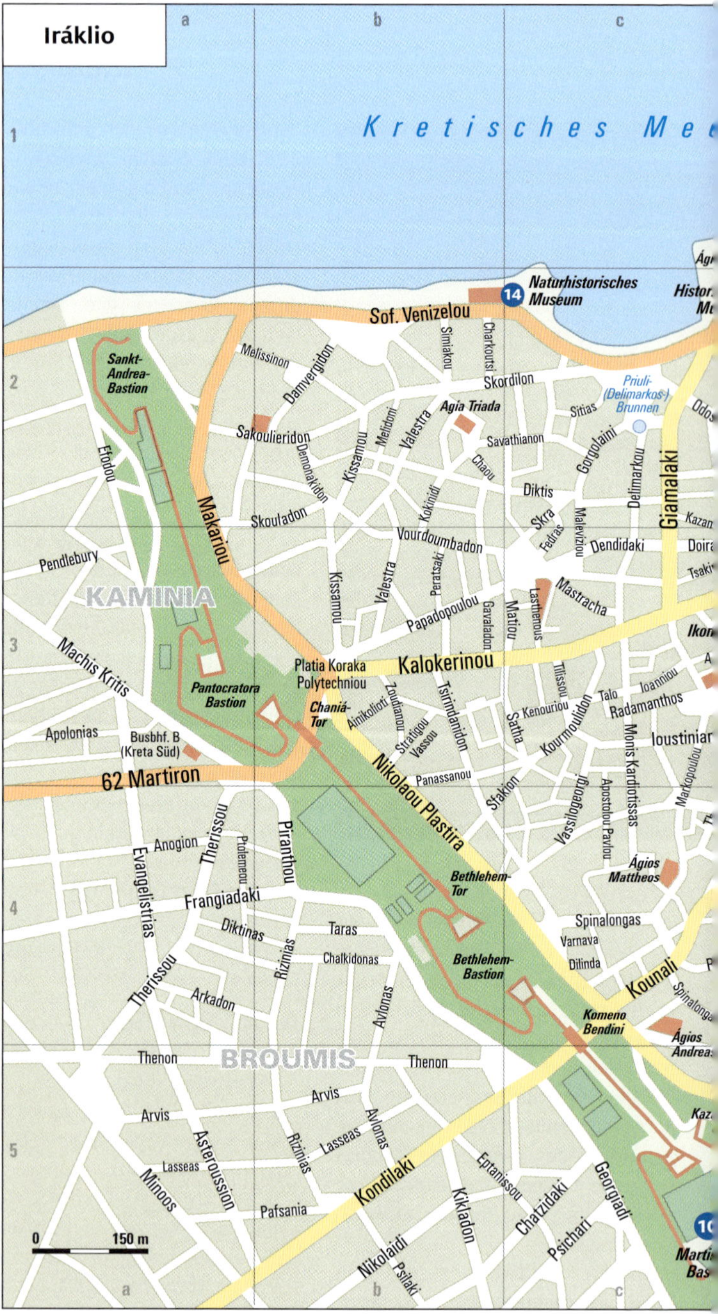
Iráklio
Kretisches Me
Naturhistorisches Museum
14
Sof. Venizelou
Sankt-Andrea-Bastion
Pantocratora Bastion
Bethlehem-Tor
Bethlehem-Bastion
Chaniá-Tor
Platia Koraka Polytechniou
Kalokerinou
Makariou
Nikolaou Plastira
62 Martiron
Busbhf. B (Kreta Süd)
Agía Triada
Priuli-(Delimarkos-) Brunnen
Ágios Mattheos
Ágios Andreas
Komeno Bendini
KAMINIA
BROUMIS
Kondilaki
Kounali
Giamalaki
Machis Kritis
Apolonias
Pendlebury
Efodou
Melissinon
Damvergidon
Sakoulieridon
Skouladon
Demonakidon
Kissamou
Valestra
Vourdoumbadon
Papadopoulou
Skordilon
Savathianon
Diktis
Dendidaki
Mastracha
Radamanthos
Ioustinian
Monis Kardiotissas
Spinalongas
Varnava
Dilinda
Therissou
Anogion
Evangelistrias
Frangiadaki
Piranthou
Diktinas
Taras
Chalkidonas
Arkadon
Rizinias
Avlonas
Thenon
Arvis
Lasseas
Asteroussion
Minoos
Pafsania
Kiklados
Eptanissou
Chatzidaki
Psichari
Georgiadi
Nikolaidi
Psilaki
0
150 m

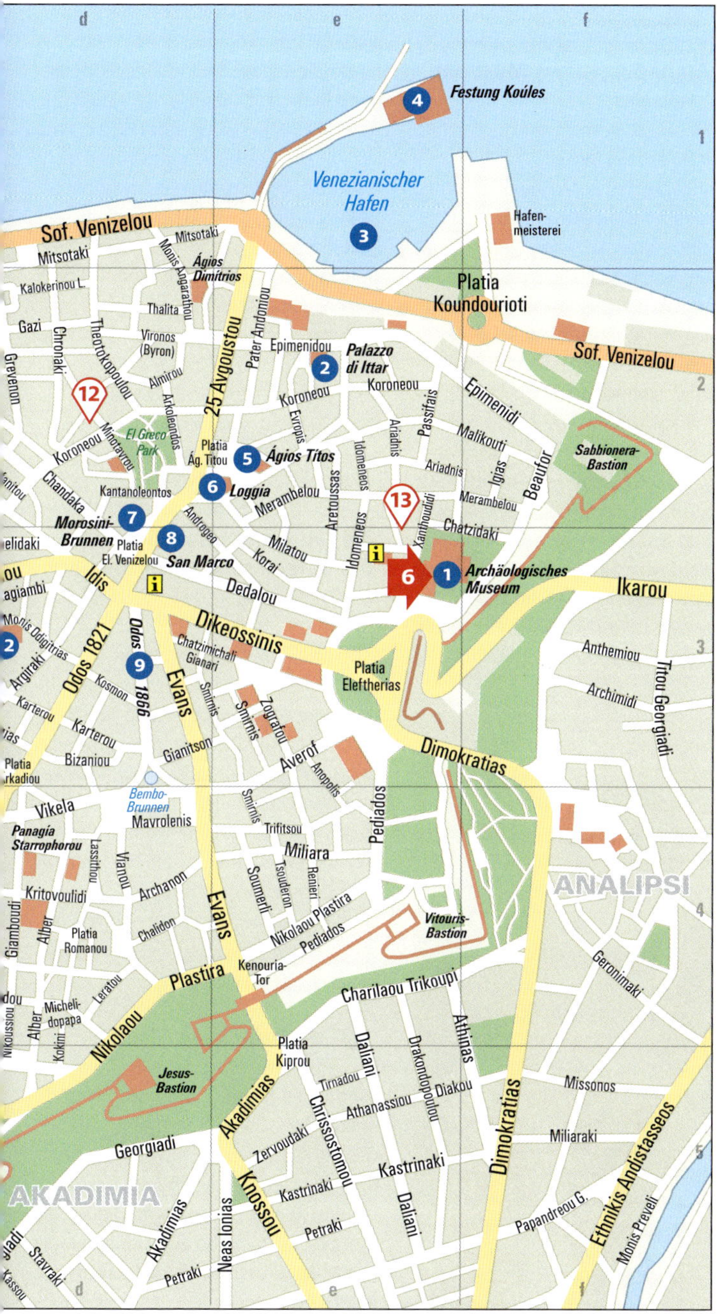

d
e
f
1
2
3
4
5
Festung Koúles
4
Venezianischer Hafen
3
Hafen-meisterei
Platia Koundourioti
Sof. Venizelou
Sof. Venizelou
Mitsotaki
Mitsotaki
Monis Agarathou
Ágios Dimítrios
Kalokerinou L.
Thalita
Gazi
Chronaki
Theotokopoulou
Vironos (Byron)
Almirou
Arkoleondos
25 Avgoustou
Pater Andoniou
Epimenidou
Palazzo di Ittar
2
Koroneou
Koroneou
Evropis
Passifais
Ariadnis
Idomeneos
Epimenidi
Malikouti
Ariadnis
Igias
Beaufor
Sabbionera-Bastion
Grevenon
12
El Greco Park
Koroneou
Minotavrou
Platia Ág. Titou
5
Ágios Títos
6
Loggia
Merambelou
Aretoussas
13
Xanthoudidi
Merambelou
Chatzidaki
Chandaka
Kantanoleontos
7
Morosini-Brunnen
8
Platia El. Venizelou
San Marco
Androgeo
Milatou
Korai
Idomeneos
Dedalou
6
1
Archäologisches Museum
Ikarou
Idis
Dikeossinis
Monis Odigitrias
Argiraki
Odos 1821
Odos 1866
9
Chatzimichali Gianari
Evans
Kosmon
Karterou
Karterou
Smirnis
Smirnis
Zografou
Platia Eleftherias
Anthemiou
Archimidi
Titou Georgiadi
Bizaniou
Gianitson
Averof
Anopolis
Dimokratias
Platia Arkadiou
Bembo-Brunnen
Mavrolenis
Vikela
Smirnis
Trifitsou
Pediados
Panagía Starrophorou
Lassithiou
Vianou
Miliara
Tsouderon
Renieri
Soumerli
ANALIPSI
Kritovoulidi
Archanon
Giamboudi
Alber
Platia Romanou
Chalidon
Evans
Nikolaou Plastira
Pediados
Vitouris-Bastion
Geronimaki
Leratou
Plastira
Kenouria-Tor
Charilaou Trikoupi
Micheli-dopapa
Alber
Kokini
Nikolaou
Platia Kiprou
Daliani
Drakondopoulou
Athinas
Jesus-Bastion
Akadimias
Tirnadou
Chrissostomou
Athanassiou
Diakou
Missonos
Dimokratias
Zervoudaki
Georgiadi
Kastrinaki
Miliaraki
Ethnikis Andistasseos
AKADIMIA
Knossou
Kastrinaki
Daliani
Papandreou G.
Monis Preveli
Akadimias
Neas Ionias
Petraki
Petraki
Stavraki

Sehenswert

1 Archäologisches Museum

| Museum |

6 *Modernes Museum mit kostbaren Schätzen der Minoer*

Das Archäologische Museum ist eines der bedeutendsten Museen des Landes und zeigt Funde aus dem Neolithikum bis in die Römerzeit. Highlights sind die Objekte aus der Neupalastzeit (1700–1450 v. Chr.), als die minoische Kultur ihre Blütezeit erlebte. Unter den ältesten Funden ist eine kleine, kräftig wirkende Fruchtbarkeitsgöttin aus dem Neolithikum interessant. Feinstes blumenbemaltes Bankettgeschirr, ein Bronzedolch mit goldenem Schaft und der von neuzeitlichen Juwelieren gern kopierte goldene Anhänger »Biene von Mália« zeugen vom erlesenen Geschmack in der Altpalastzeit (2000–1700 v. Chr.). Aus der Neupalastzeit faszinieren Fresken, darunter die berühmte Stierspringerdarstellung aus Knossós. Rätsel gibt bis heute die kleine Skulptur der »Schlangengöttin« auf, ebenso der Stierkopf. Auch der Dískos von Festós (1550 v. Chr.) mit 241 Hieroglyphen konnte noch nicht entziffert werden. Aus der Nachpalastzeit, der dorischen Epoche sowie der griechischen und römischen Antike sind Götterfiguren, Spielzeug aus Gräbern und Statuen zu sehen.

■ Xanthoudídou/Ecke Chatzidáki, www.heraklionmuseum.gr, Online-Tickets: etickets.tap.gr, Mitte April–Okt. Mi–Mo 8–20, Di 10–20, Nov.–Mitte April Mi–Mo 8.30–15.30, Di 10–17 Uhr, Eintritt 12 €, erm. im Winter 6 €, Kombi-Ticket (S. 79)

Historie anschaulich präsentiert: im Archäologischen Museum in Iráklio

2 Museum für antike griechische Technologie

| Museum |

Im venezianischen Palazzo d'Ittar von 1500 staunen Groß und Klein über etwa 60 rekonstruierte Exponate, die teils interaktiv und mit Video-Erklärungen vom Hightech der Antike berichten. Tolle Objekte sind z. B. der Roboter »Dienerin des Philon«, das »Kino« des Heron und der Mechanismus von Antikythera, der auch analoger Rechner bzw. Computer genannt wird.

■ Epimenídou 18, www.kotsanasmuseum.com/crete, tgl. 10–18 Uhr, 7 €, erm. 3,50 €, Kinder bis 10 Jahren frei

3 Venezianischer Hafen

| Ortsbild |

Hier liegen Jachten und bunte Fischerboote vor Anker. Landseitig säumen riesige, nicht mehr genutzte und abends hübsch beleuchtete Schiffs- und Lagerhallen (16. Jh.) das Hafenbecken. Zum Meer hin wird es von einer langen Mole geschützt, die zu Spaziergängen einlädt.

■ Platía Koundourióti

Vier Löwen bewachen den Morosíni-Brunnen im Zentrum von Iráklio

4 Kástro Koúles

| Ruine |

Die Festung Koúles (auch: Rocca a Mare) steht trutzig über der Hafeneinfahrt. Gebaut wurde das zweistöckige Bollwerk, das über dem Nord- und Südportal mit je einem Markuslöwen verziert ist, 1523–1540 von den Venezianern. Ausgestellt sind Funde, die der französische Forschungsreisende Jacques-Yves Cousteau im Meer um die Insel Día machte.

■ Venezianischer Hafen, koules.efah.gr, April Mi–Mo 8.30–16.30, Mai–Sept. Mi–Mo 8–20, Okt. Mi–Mo 8–18, Nov.–März Mi–Mo 8.30–15.30 Uhr, 4 €, erm. 2 €

5 Ágios Títos

| Kirche |

Die Kirche Ágios Títos wurde 1869 von den Türken als Moschee erbaut und 1925 christianisiert. Im Südosten der Kirchenfassade mit fein gearbeitetem Fries ist noch der Stumpf des Minaretts zu sehen. Im Inneren erzählen Fresken vom hl. Titus, dem ersten Bischof von Kreta. Seine vergoldete Schädelreliquie wird in einer Grabnische aufbewahrt.

■ Platía Agíou Títou, tagsüber geöffnet

6 Venezianische Loggia

| Architektur |

Der 1626–1629 errichtete Arkadenbau diente der venezianischen High Society als Clubhaus, ist heute Rathaus und gilt als gelungenes Beispiel profaner Renaissancearchitektur. Durch die von Rundbögen getragene Vorhalle gelangt man in einen Innenhof, der von der Fassade des einstigen Zeughauses (17. Jh.) begrenzt wird.

■ 25is Avgoústou

7 Morosíni-Brunnen

| Brunnen |

Der Morosíni-Brunnen steht mitten auf dem von Geschäften und Cafés gesäumten zentralen Platz der Fußgängerzone. Seinen Namen verdankt er dem einstigen venezianischen Statthalter Francesco Morosíni, der ihn im Jahr 1628 bauen ließ, um die städtische Trinkwasserversorgung zu sichern. Eine überlaufende Wasserschale ruht auf den Rücken von vier Löwen, die Wasser in das blütenförmige Brunnenbecken speien.

■ Platía Eleftheríou Venizélou

8 San Marco / Pinakothek

| Ausstellung |

Die im Jahr 1239 errichtete Basilika San Marco diente in der venezianischen Zeit als Sitz des Erzbischofs sowie als Grablege der Herzöge von Kreta. Als Städtische Pinakothek birgt sie inzwischen wechselnde Ausstellungen.

■ Platía Eleftheríou Venizélou, wechselnde Öffnungszeiten, Eintritt frei

9 Odós 1866

| Markt |

In der einstigen Marktgasse findet man noch immer Kulinaria jeder Art, Oliven, Gewürze, Süßkram oder Käse, aber auch billige Souvenirs, Ramsch und Kitsch. Von den Tischen der dazwischen liegenden typisch kretischen Café-Bars (rakádika) lässt sich das bunte Treiben an den Marktständen gut beobachten. Am südlichen Ende öffnet sich die Straße dann zur modernisierten Platía Kornárou mit einem türkischen Brunnenhaus und dem Bembo-Brunnen aus dem 16. Jh.

10 Martinego-Bastion

| Aussichtspunkt |

Auf ihrer aussichtsreichen Höhe befindet sich das schlichte Grabmal des kretischen Dichters Níkos Kazantzákis (siehe »Im Blickpunkt«). Die orthodoxe Kirche hatte ihm aufgrund seiner als ketzerisch erachteten Bücher die letzte Ruhe in geweihter Erde versagt. Níkos Kazantzákis selbst dürfte das einerlei gewesen sein, glaubt man seiner Grabinschrift, die frei übersetzt bedeutet: »Ich erhoffe nichts, ich fürchte nichts, ich bin frei«.

■ Freier Zugang über die Odós Plastíra

Sakraler Rahmen für sakrale Kunst: die (Museums-)Kirche Agía Ekateríni in Iráklio

11 Ágios Minás

| Kirche |

Die Kathedrale Ágios Minás (1862–1895), ein neobyzantinischer Kuppelbau mit zwei Glockentürmen, ist nach dem Patron der Stadt benannt. Ihre Fassade wird von bunt verglasten Rundbogenfenstern unterschiedlicher Höhe und Breite durchbrochen. Der Innenraum wurde in den 1960er-Jahren mit Wandmalereien im byzantinischen Stil ausgeschmückt.

■ Agíou Miná, tagsüber geöffnet

12 Agía Ekateríni

| Museum |

In der Kirche Agía Ekateríni ist heute ein Ikonenmuseum untergebracht. Der Bau wurde im Jahr 1555 als Gotteshaus des damaligen Katharinenklosters errichtet. An der Sinai-Schule des Konvents lernten und lehrten Theologen und Künstler aus dem gesamten griechischsprachigen Raum, unter ihnen der berühmte Ikonenmaler Michaíl Damaskinós, der hier mit sechs Werken vertreten ist.

■ Platía Agías Ekaterínis, www.iakm.gr, Mo–Sa 10–18, So 11–18 Uhr, 4 €, erm. 2 €

13 Historisches Museum

| Museum |

Highlights des Museums sind zwei kleine Gemälde von El Greco: die »Taufe Christi« und der »Anblick des Berges Sinai und des Katherinenklosters«, die trotz fehlender Signatur als Originale gelten. Zu sehen sind außerdem das nachgebaute Arbeitszimmer von Níkos Kazantzákis, historische Filme über die Kriegsgräuel des 20. Jh., Fotos, Karten und eine Folkloresammlung.

■ Sofoklí Venizélou 27, www.historical-museum.gr, April–Okt. Mo, Mi–Sa 10–17, So 11–17, Nov.–März Mo–Fr 9–15.30, Sa 10–16 Uhr, 7,50 €, erm. 4,50 €

Im Blickpunkt

Literat, Jurist, Freigeist

Níkos Kazantzákis (1883–1957) ist einer der bedeutendsten griechischen Literaten des 20. Jh. Er wurde in Iráklio geboren, verbrachte aber nur wenige Jahre seines Lebens auf der Insel. Trotzdem scheint er auf Kreta allgegenwärtig: Straßen sind nach ihm benannt, ebenso der größte Flughafen. Das Heimatdorf seines Vaters, Myrtiá, richtete ihm zu Ehren ein Museum ein, auf der Martinego-Bastion liegt er begraben. Die Zuneigung der Kreter erwarb der weit gereiste Jurist und Staatswissenschaftler durch seine Romane, die von seiner tiefen Liebe zur Heimat und der Bewunderung für den unbeugsamen Willen der Inselbewohner erfüllt sind. Weltberühmt wurde er durch sein auch erfolgreich verfilmtes Werk »Alexis Sorbas« (1946), eine Hommage an die heißblütigen kretischen Freigeister.

14 Naturhistorisches Museum

| Museum |

Das Museum der Universität Kreta wurde im ehemaligen Elektrizitätswerk eingerichtet. Durch Versteinerungen, Dioramen mit präparierten Tieren und lebenden Reptilien und Kleinsäugern wird die kretische und mediterrane Fauna erläutert. Kinder freuen sich ganz besonders über die lebensgroßen Dinosaurier. Ein anderes Highlight ist der Erdbebensimulator.

■ Sofoklí Venizélou, www.nhmc.uoc.gr, Mo–Fr 9–17, Sa, So 10–18 Uhr, 7,50 €, erm. 4,50 €

Plan S. 70/71

Top-Adresse: das Restaurant Ippókambos

Verkehrsmittel

Busbahnhöfe Vom Terminal nahe dem Hafen (Leofóros Ikárou/Ecke Eféssou, Tel. 2810246530, Plan S. 70/71 östl. f1) geht es die Nordküste entlang, von der Station Chanióporta (Máchis Krítis 3, Tel. 2810255965, Plan S. 70/71 westl. a2) in Richtung Süden.

Städtische Busse starten an der Platía Eleftherías (Plan S. 70/71 e3). Der Fahrer entwertet die vor der Fahrt (zum Flughafen, nach Knossós oder zu Küstenorten) an der Bushaltestelle oder in Kiosken/Minimärkten gekauften Tickets, www.astiko-irakleiou.gr.

Fährhafen Regelmäßiger Fährverkehr nach Piräus, Santorin und anderen Kykladeninseln sowie zum Dodekanes. Auskünfte/Tickets auch bei allen örtlichen Reisebüros. ■ Hafenamt, Tel. 2813406911, Plan S. 70/71 östl. f2

Parken

Das Auto in der chaotischen Innenstadt schnellstmöglich im Parkhaus abstellen. Die vielen blau markierten Bereiche sind ohnehin für die Anwohner reserviert. Die günstigsten Parkplätze (ca. 3 €/Tag) liegen am venezianischen Hafen (Plan S. 70/71 e1) und am Fährhafen (Plan S. 70/71 östl. f2). Die Parkhäuser im Zentrum, wie z.B. Central Parking (Koronéou 26, Plan S. 70/71 e2), sind teurer (ca. 5 € für die erste Stunde zzgl. etwa 1 €/Std.).

Restaurants

€ | Érganos An der Stadtmauer gelegene Taverne mit authentischem Flair und typisch kretischen Köstlichkeiten. ■ Leofóros Georgiádou 5, Tel. 2810285629, www.erganos.gr, Plan S. 70/71 d5

€–€€ | Ippókambos Exzellente mezédes, große Auswahl, vor allem Meeresfrüchte. ■ Leofóros Sof. Venizélou 3, Tel. 2810280240, Plan S. 70/71 d1

€€ | Ladókolla Köstlichkeiten aus dem Meer, traditionell oder modern interpretiert, in einer ruhigeren Gasse abseits des Trubels. ■ Lochagoú Marinéli 13, Tel. 28 10 25 63 91, Plan S. 70/71 e2

12 **€€ | Peskési** Außen unauffällig, innen rustikal durchgestylt. Dazu passt die raffiniert präsentierte kretische Küche. Reservieren. ■ Kapetán Charalámbi 6–8, Tel. 2810288887, www.peskesicrete.gr, Plan S. 70/71 d2

Cafés

Kirkor Spezialität in diesem zentral gelegenen Café ist die Bougátsa kréma, eine mit Griespudding gefüllte Blätterteigtasche. ■ Platía E. Venizélou, Tel. 2810242705, Plan S. 70/71 d3

Mare Beliebtes Café-Restaurant mit Springbrunnen und Terrasse am Meer. ■ Sofoklí Venizélou/Platía Xenía, www.mare-cafe.gr, Plan S. 70/71 c1

Einkaufen

Eli's Ceramic Art Keramik aus schadstofffreien Materialien mit modernen, von minoischer Kunst inspirierten Designs. ■ Sapoútie 8, ceramic-workshop-eli.business.site, Plan S. 70/71 e3

13 **Zalo Crete** Originelle, farbenfrohe Andenken ausschließlich aus Griechenland. ■ Papá Alexándrou 2, www.facebook.com/zalo.crete, Plan S. 70/71 e3

Kneipen, Bars und Clubs

Kelari Wine Weinbar mit exzellenten kretischen Weinen in einem schönen Hinterhof gelegen. ■ Kapetán Charalámpi 3, www.facebook.com/kelariwine, Di–So ab 18 Uhr, Plan S. 70/71 d2

Manitu Sunset Bliss In der angesagten Restaurant-Bar im Boho-Chic-Stil an der Promenade genießt man nicht nur zum Sonnenuntergang gute Drinks und Cocktails. ■ Sofoklí Venizélou/Ecke Makaríou, www.facebook.com/manitusunset, tgl. ab 19 Uhr, Plan S. 70/71 a2

Xalavro OpenBar Gute Drinks und sommerliche Atmosphäre in großer, von altem Mauerwerk umgebener Open-Air-Bar. ■ Milátou 10, www.xalavro.gr, Plan S. 70/71 e3

Kinder

Kleinere Kinder amüsieren sich gut im Discovery Center des **Naturhistorischen Museums** (S. 75), wo sie u. a. eine »Tropfsteinhöhle« erkunden oder einen »Fischkutter« lenken dürfen.

Events

Heraklion Summer Arts Festival Zwischen Juli und September gibt es in Iráklio viele Konzerte, Oper und Ballett internationaler Ensembles, u. a. im Freilufttheater Níkos Kazantzákis. ■ www.heraklion.gr, Plan S. 70/71 d5/e5

Sport

Divers Club Crete Tauchkurse und Exkursionen in Kretas beliebtestem Tauchgebiet. ■ Agía Pelagía, Tel. 2810 811755, www.diversclub-crete.gr, Plan S. 70/71 nordwestl. a1

Sailing Trip Segelspaß für Groß und Klein in Form von Ganz- oder Halbtagestouren von Iráklio zur vorgelagerten Insel Día. ■ Venezianischer Hafen, Tel. 69 77272525, www.sailingtrips.gr, Plan S. 70/71 e1

Erlebnisse

Kassaki Cold Cuts & Wine Bar. Schleckermäuler können hier traditionell geräucherte Wurstwaren wie Apáki, gepaart mit Wein oder Bier, verkosten. ■ Kountourióti 17, Kallithéa (5 km südl. von Iráklio), www.kassaki.gr, Mo–Fr 9.30–14 Uhr, Plan S. 70/71 südöstl. f6

In der Umgebung

Rodiá Beliebtes Ausflugsziel im küstennahen Hinterland westlich von Iráklio am Nordhang des Stroúmboulas. Vom Dorfplatz aus bietet sich ein Panoramablick über die Bucht von Iráklio.

Agía Pelagía Der schmale, fast immer überlaufene Strand in Agía Pelagía ist das bevorzugte Badeziel junger Irakglioten. Dank der zerklüfteten Küste ist Agía Pelagía ein beliebtes Tauchrevier.

Im Blickpunkt

Die Minoer – Europas erste Hochkultur

Höhepunkt der minoischen Kultur war die Zeit um 1700–1450 v. Chr. Auf Kreta entstanden mit Knossós, Festós, Mália und Káto Zákros imposante Palastzentren mit mehreren Hundert Räumen, vielen Höfen, Terrassen und Treppenfluchten. Kostbar ausgestattet, dienten die Anlagen wohl repräsentativen und religiösen Zwecken oder sportlich-rituellen Wettkämpfen. Unscheinbarer waren die Werkstätten sowie die durch ein Trinkwasser- und Abwassersystem verbundenen Wohnviertel für die bis zu 100 000 Bewohner. In Lagern wurden mannshohe Keramikkrüge (píthoi) für Wein, Öl, Getreide und Honig platziert. Über die Bestände wurde auf gebrannten Tontäfelchen in Hieroglyphen, später in Linear-A-Schrift Buch geführt. Keramik, Textilien, Olivenöl und Vieh waren Exportschlager: von Ägypten bis Vorderasien. Eine zentrale Rolle im Leben der Minoer spielte die Religion. In Tempeln, Höhlen- und Gipfelheiligtümern verehrten sie Gottheiten. Auf Opfersteinen (kérnos) brachten Priesterinnen und Priester Samen und Früchte dar, kleine Ton- oder Bronzetiere ersetzten eventuell tatsächliche Tieropfer. Von besonderer Bedeutung war der Stierkult. Fresken, Siegelringe, Abbildungen auf Sarkophagen und Steinreliefs zeigen das kraftvolle Tier. Rätselhaft sind die Darstellungen von Stierspringern wie auf dem Fresko von Knossós. Darauf packen Männer einen Stier bei den Hörnern, schwingen sich mit einem Überschlag über dessen Rücken und landen gekonnt hinter dem Tier. Ob es jene athletischen Schauspiele tatsächlich so gegeben hat, ist allerdings ungewiss. Ebenfalls ungeklärt ist die Frage, warum die blühende minoische Kultur um 1450 v. Chr. ein so jähes Ende fand. Wahrscheinlich war es eine Naturkatastrophe, vielleicht ein Tsunami nach einem Vulkanausbruch auf Santorin oder ein Erdbeben, das alle Siedlungen zerstörte.

Mit Mut zur Farbe, aber auch sehr anschaulich rekonstruiert: der Palast von Knossós

30 Knossós

7 *Größter, prächtigster minoischer Palast, fantasievoll rekonstruiert*

Für interessierte Laien bietet Knossós, das bedeutendste politisch-religiöse Zentrum der Minoer, den besten Einblick in die minoische Kultur. Ausgräber Sir Arthur Evans (1851–1941) rekonstruierte im frühen 20. Jh. Gebäudeteile und Wandgemälde an Ort und Stelle. »Disneyland der Archäologie« stöhnen Kritiker, die Evans zu viel Fantasie vorwerfen, die meisten Knossós-Besucher aber finden: »Endlich etwas Anschauliches.«

Der niedrige, etwa 4 km vom Meer entfernte Kephálas-Hügel wird schon seit dem 7. Jt. v. Chr. besiedelt. Gegen 1900 v. Chr. entstand hier ein erster Palastkomplex, der nach einem Erdbeben um 1700 v. Chr. prächtiger als zuvor wieder aufgebaut wurde. Die ineinander verschachtelten Gebäude waren bis zu fünf Stockwerke hoch und umfassten über 1000 Wohn-, Repräsentations- und Kulträume sowie Werk- und Wohnstätten für rund 100 000 Menschen. Eine erneute Naturkatastrophe zerstörte um 1450 v. Chr. das blühende Verwaltungs- und Handelszentrum. Es wurde zwar noch einmal wieder errichtet, aber nach einem Brand im 14. Jh. v. Chr. aufgegeben. In den Jahren 1900–1935 grub Sir Arthur Evans auf dem Gebiet und förderte nie gesehene Schätze zutage.

Ein Rundgang durch das vielbesuchte Knossós beginnt im **Westhof (1),** einem großen Platz, den zwei erhöht angelegte Wege durchqueren. Sie wur-

ADAC Spartipp

Für Reisende, die innerhalb von drei Tagen sowohl das Archäologische Museum in Iráklio als auch Knossós besichtigen wollen, lohnt das **Kombi-Ticket,** das bei beiden Sehenswürdigkeiten erhältlich ist. Es kostet 20 €, erm. 10 € (über 65 Jahre). Für Kinder und junge EU-Bürger bis 25 Jahre ist der Eintritt frei.

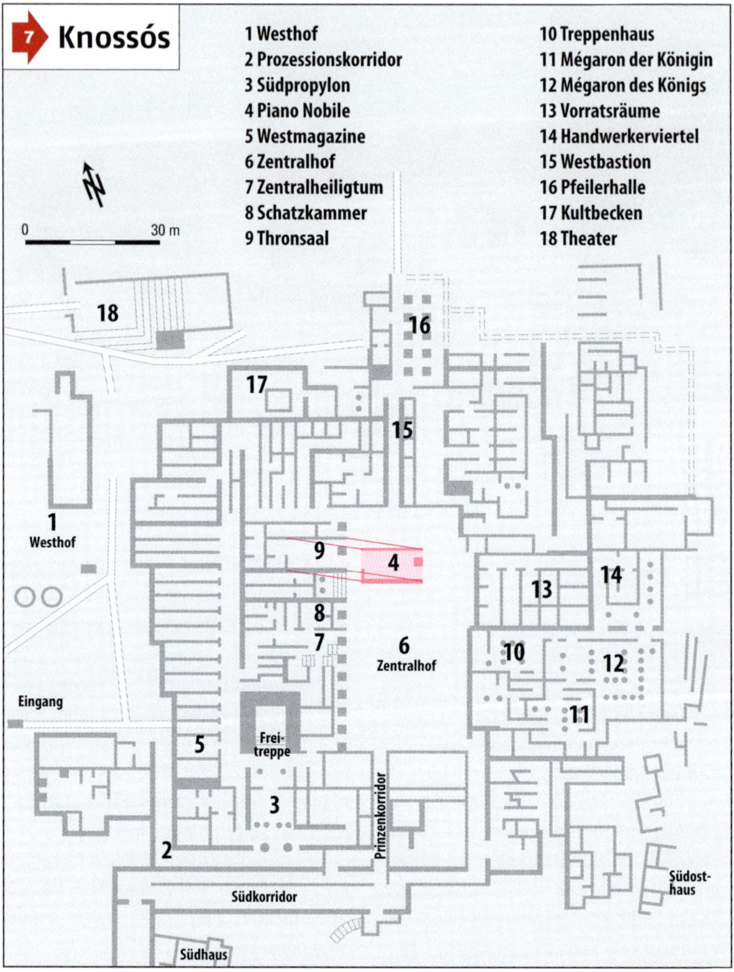

den wahrscheinlich nur anlässlich feierlicher Prozessionen und kultischer Handlungen begangen. Die drei großen Gruben (Kouloúres) südlich davon wurden als Getreidespeicher genutzt. Einer runden Basis des westlichen Torbaus (Westpropylon) und zwei kleinen Räumen folgt der **Prozessionskorridor (2),** der einst mit der Darstellung von rund 500 Menschen verziert wurde. An seinem Ende öffnet sich der mit Fresken von Kultgefäßträgern geschmückte Südeingang, das **Südpropylon (3).** Von ihm aus führt eine breite Treppe in das Obergeschoss, von Evans **Piano Nobile (4)** genannt. Dort befand sich wohl ein Heiligtum mit Schatzkammer. Heute blickt man von dort auf die **Westmagazine (5),** in denen in übermannsgroßen píthoi Wein, Öl, Getreide und Honig aufbewahrt wurden. Der rechteckige **Zentralhof (6)** diente vermutlich großen

Veranstaltungen, eventuell sogar Stierspielen. Seinen Nordwesten begrenzen das **Zentralheiligtum (7),** die **Schatzkammer (8)** und der **Thronsaal (9),** in dem der älteste Herrschersitz Europas steht. Vielleicht blieb der Sitz als symbolischer Thron einer Gottheit aber auch leer, während sich die Honoratioren auf Bänken rechts und links davon niederließen. Vor dem Thron steht eine runde Steinschale, die ebenso wie das daneben in den Boden eingelassene Bassin wohl kultischen Zwecken diente. Der einst fünf Etagen hohe Ostflügel soll nach Evans einst die königlichen Gemächer beherbergt haben. Highlights sind dort ein durch Säulen zum Lichthof hin geöffnetes **Treppenhaus (10)** sowie das **Mégaron der Königin (11)** – obwohl nicht sicher ist, ob es überhaupt eine Königin gab. Fresken von Delfinen, Seeigeln, Darstellungen von Tänzerinnen, Blumen und geometrische Motive schmückten seine von vielen Türen, Fenstern und Säulen durchbrochenen Wände. Drei Nebenräume identifizierte Evans als Bad, Ankleideraum und Toilette, Letztere mit einem über einem Wasserkanal angebrachten hölzernen Sitz. Etwas schlichter fällt das benachbarte **Mégaron des Königs (12)** aus. Türreihen in drei von vier Wänden ließen Luft und Licht in den Hauptraum. Nördlich der Gemächer lagen **Vorratsräume (13)** und das **Handwerkerviertel (14).** Über den Zentralhof geht es zu einem Korridor, der von der **Westbastion (15)** flankiert war. Evans rekonstruierte sie als einen von Säulen gestützten Gang, auf dessen Wand das Relieffresko eines Stiers die Blicke auf sich zieht. In einer großen **Pfeilerhalle (16)** am Nordeingang glaubte Evans eine Zollstation zu erkennen, da hier die von den Häfen der Nordküste kommende gepflasterte Straße endete. Am **Kultbecken (17)**, dem nördlichen Bassin zur rituellen Reinigung Reisender vorbei geht es zu dem in Form einer L-förmigen Treppenanlage gestalteten **Theater (18).** Bei kultischen Spielen, religiösen und politischen Zeremonien oder Prozessionen nahmen hier die Zuschauer Platz.

■ Knossós, Tel. 28 10 23 19 40, April–Okt. tgl. 8–20, Nov.–März tgl. 8–17 Uhr, 15 €, erm. 8 €, Online-Tickets: etickets.tap.gr, Anfahrt: Bus Nr. 2 vom Busbahnhof oder Platía Eleftherías in Iráklio (Tipp: Wer pünktlich um 8 Uhr da ist, vermeidet den erst später einsetzenden Touristentrubel.)

Cafés

O mikrós Kípos »Der kleine Garten« ist eine Oase inmitten der sonst recht touristischen Lokale im Umfeld des Grabungsgeländes. ■ Vor dem Eingang, Tel. 28 10 32 81 66

Delfinfresken in Knossós

Archánes lockt mit ländlichem Flair und blumengeschmückten Gassen

31 Archánes

Schmuckes Dorf und Historie im lieblichen Weinanbaugebiet

Archánes erstreckt sich zu Füßen des 811 m hohen Joúchtas auf den Ruinen eines minoischen Palastes, der bis auf einen kleinen freigelegten Teil unter den heutigen Wohnhäusern verborgen liegt. Das große Weinbauerndorf erfreut bei aller Nähe zur Hauptstadt mit ländlichem Flair zwischen restaurierten Häusern. Ein Bummel führt durch mit Blumen geschmückte Gassen, zu kleinen Plätzen und zur Rast im kafenío oder in einer Taverne. Einen Blick lohnt die Panagía-Kirche (14. Jh.) mit ihren alten Freskenresten. Im Kontrast zum filigranen Glockenturm über dem Kirchenportal steht nur wenige Meter entfernt ein quaderförmiger Uhrturm. Außerhalb liegen zwei bedeutende archäologische Stätten, die aber wegen der schlechten Zufahrtswege nur bedingt die Anreise lohnen.

Sehenswert

Archäologische Sammlung

| Museum |

Das kleine Museum zeigt minoische Funde der regionalen Ausgrabungen sowie ein paar Grabbeigaben aus der Nekropole von Fourní, nachgebaute Musikinstrumente und die Kopie des Bronzedolches, mit dem in Anemospiliá ein Mensch geopfert wurde.

■ Nördlich der Platía, Tel. 28 10 75 27 12, Mi–Mo 8.30–15.30 Uhr, 3 €, erm. 2 €

Anemospiliá

| Archäologische Stätte |

Das minoische Heiligtum, in dem das Skelett eines gefesselten Jünglings gefunden wurde, ist nur über einen Zaun hinweg einsehbar. Ein Bronzedolch in seiner Brust weist darauf hin, dass hier um 1700 v. Chr. ein Menschenopfer gebracht wurde.

■ 1,5 km nordwestlich von Archánes, schlecht ausgeschildert, daher im Ort nach dem Weg fragen

Im Blickpunkt

Liebe, Laster, Lügen – Kretas Mythen auf einen Blick

Die fortschrittliche minoische Kultur muss den Völkern des griechischen Festlands geradezu überirdisch erschienen sein. Kein Wunder, dass auch viele Mythen auf Kreta spielen: Eines Tages schenkte Meeresgott Poseidon Minos, dem legendären ersten König von Kreta, einen Stier, den er dem König opfern sollte. Minos aber behielt das Tier. Poseidon rächte sich, indem er in Pasiphae, der Gattin des Minos, ein unstillbares Verlangen nach dem Stier weckte. Um sich ihm hinzugeben, bat die Untreue den Hofingenieur Dädalus, ihr ein hölzernes Kuhgestell zu bauen – der Rest der Episode ist nicht jugendfrei. Das Techtelmechtel blieb nicht ohne Folgen. Die Königin gebar den Minotaurus – ein Ungeheuer in Gestalt eines Mannes mit einem Stierkopf. Minos sperrte ihn in ein von Dädalus konstruiertes Labyrinth – das erinnert an den Palast von Knossós. Als Sühne für einen Mord musste Athen sieben Jünglinge und sieben Jungfrauen nach Kreta schicken, die dem Minotaurus zum Fraß vorgeworfen wurden. Bis eines Tages der attische Königssohn Theseus unter den designierten Opfern war. Auf Kreta verliebte er sich in die Prinzessin Ariadne. Sie verriet ihm, dass ein abgespulter roter Wollfaden ihn wieder aus dem Labyrinth herausführen würde. Theseus betrat getrost das Labyrinth des Minotaurus, tötete diesen und machte sich nach seiner Rückkehr mit Ariadne aus dem Staub.
Gattin untreu, Minotaurus tot, Tochter über alle Berge – König Minos machte Dädalus für diese Serie von Fehlschlägen verantwortlich und setzte ihn samt Sohn Ikarus fest. Doch Dädalus wusste einen Ausweg: Aus Wachs und Vogelfedern konstruierte er Flügel, mit denen Vater und Sohn einfach davonflogen, angeblich von einem Hügel über Agía Galíni aus. Doch Ikarus kam nicht weit. Übermütig geworden, geriet er der Sonne zu nahe, das Wachs schmolz, und der Junge stürzte ins Meer. Dädalus aber schaffte es bis nach Sizilien.

Beliebtes Wochenendziel der Kreter: Fódele mit seinem byzantinischen Kirchlein

Nekropole Fourní

| Archäologische Stätte |

In den verschiedenen Grabbauten (etwa 2500–1250 v. Chr.) der größten minoischen Nekropole der Insel wurden viele Grabbeigaben gefunden.

■ Auf dem gleichnamigen Hügel, vorübergehend geschl., Eintritt frei

Restaurants

€ | **Bakáliko** Modernes Deli; mit regionalen Produkten werden Leckereien gezaubert. ■ Platía E. Venizelou 13, Tel. 2810751117, www.bakalikocrete.com

€–€€ | **Krítamon** Produkte aus der Region sorgen im schönen Garten für Genuss pur. ■ Politechníou 78, Tel. 2810 753092, www.kritamon.gr, Di–So ab 19 Uhr

Einkaufen

Josef Woodturner Tolle Holzobjekte: Deko, Küchenutensilien bis hin zu Spielzeug. ■ Kapetanáki 164, Tel. 69 43 50 33 88, www.facebook.com/Josefwoodturner, Mi–So 10–19 Uhr

Erlebnisse

14 **Weinkellerei Lyrarákis** Exzellente Weine aus heimischen Rebsorten. Führungen durch die Kellerei und die Weinberge sowie online buchbare Verkostungen, auch als Picknick. ■ Alágni, südöstl. von Archánes, www.lyrarakis.com, April–Okt. 11.30–18 Uhr

In der Umgebung

Vathípetro

| Archäologische Stätte |

Die Ausgrabung des minoischen Gutshofs Vathípetro (16. Jh. v. Chr.) liegt auf einer aussichtsreichen Anhöhe inmitten von Weingärten. Highlight ist eine der ältesten Weinpressen der Welt.

■ Zwischen Archánes und Choudétsi (ausgeschildert), Mi–Mo 8.30–15.30 Uhr

Kazantzákis-Museum

| Museum |

In Myrtiá, dem Dorf, aus dem der Vater von Níkos Kazantzákis (siehe »Im Blickpunkt«, S. 75) stammte, zeigt das modern und charmant gestaltete Museum persönliche Erinnerungsstücke, Manuskripte, Fotos sowie Kostüme und Plakate von verschiedenen Aufführungen seiner Theaterstücke.

■ www.kazantzaki.gr, April–Okt. tgl. 9–17, Nov.–März So–Fr 10–15 Uhr, 5 €, erm. 3 €

32 Fódele

Spuren eines weltberühmten Malers zwischen Zitrusbäumen

Fódele liegt umgeben von Orangenhainen und eingebettet zwischen Hügeln im üppig grünen Tal des Pantomántris und ist bei den Kretern als Wochenendziel beliebt. Sie machen Spaziergänge am Fluss und verweilen in Tavernen unter riesigen Platanen. Kunstsinnige kennen Fódele wegen des unter dem Namen El Greco bekannten Malers Domínikos Theotokópoulos (um 1541–1614), der hier geboren worden sein soll. In Souvenirläden werden neben Handarbeiten, Honig und regionalen Erzeugnissen auch El-Greco-Andenken verkauft; eine Taverne trägt seinen Namen, am Rathaus erinnert eine Bronzebüste an ihn. Auch ein Museum wurde ihm gewidmet, in dem leider nur Reproduktionen hängen.

Sehenswert

Geburtshaus El Greco

| Museum |

In dem kleinen Natursteinhaus ist abgesehen von Drucken und einer Dia-Show von Werken des Künstlers, der als einer der bedeutendsten Maler der Gegenreformation gilt, wenig zu sehen.

■ 1 km außerhalb (ausgeschildert), Tel. 2810521500, www.psfodele.gr, April–Okt. tgl. 9–19 Uhr, 2,50 €

Im Blickpunkt

»Der Grieche« aus Kreta

Der 1541 auf Kreta geborene, 1614 im spanischen Toledo gestorbene Maler Domínikos Theotokópoulos studierte zunächst die formal stark reglementierte Ikonenmalerei. Mit 25 zog es ihn nach Venedig, wo er Schüler des hochbetagten Tizian wurde. Zwei Jahre später ging Theotokópoulos, der im Ausland einfach **El Greco,** »der Grieche«, genannt wurde, nach Rom, wo er u. a. von Kardinal Farnese finanziell unterstützt wurde. 1577 ließ er sich in Spanien nieder. Zunächst riefen seine manieristischen Gemälde kontroverse Reaktionen hervor. Dann aber machte sich der Künstler einen Namen; er malte für die Kirche und für begüterte Privatleute. Seine Werke signierte er stets mit seinem vollen Namen in griechischen Lettern und setzte manchmal »Kres« für Kreter hinzu.

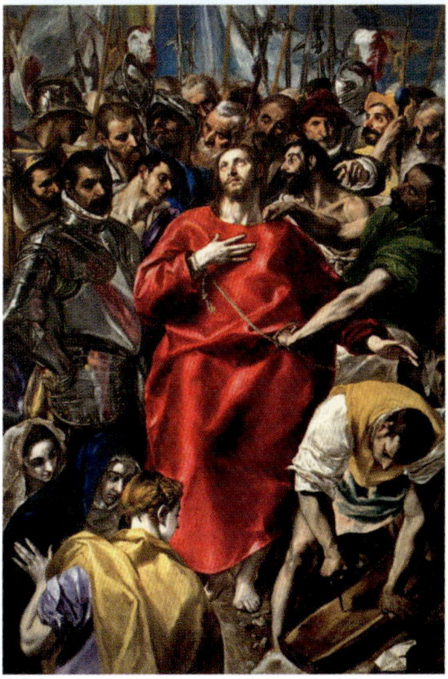

Im Blickpunkt

Kretas Weine

Das Hinterland von Iráklio, um Archánes und Pezá sowie westlich rund um Dafnés, ist Zentrum des meist familiär geprägten kretischen Weinanbaus. Angebaut werden hier vorwiegend die heimischen Rebsorten Vilána, Kotsifáli, Mandilári und Liátiko. Zwischen den weitläufigen Weinbergen weisen Schilder den Weg zu Gütern, auf denen im Sommer Führungen und Verkostungen angeboten werden und vor Ort auch Wein verkauft wird, z. B. **Lyrarákis** in Alágni (www.lyra rakis.gr) oder **Domaine Gavalás** in Voriás (www.domainegavalas.gr).

Panagía Loumbiniés

| Kirche |

Die im 11. Jh. aus Bruchsteinen erbaute Kreuzkuppelkirche Panagía wurde auf den Ruinen einer frühchristlichen Basilika erbaut. Sie birgt Freskenreste aus dem 13./14. Jh. Auch erkennt man ein paar Marmorsäulen des Vorgängerbaus.

■ Nahe dem Museum, Mitte Mai–Mitte Okt. Sa, So 8.30–15.30 Uhr

Moní Agíou Panteleímona

| Kloster |

Der im 16. Jh. gegründete Konvent mit der zweischiffigen Klosterkirche begeistert mit der Stille in schöner Natur und einem gepflegten Garten. Die zwei Mönche kümmern sich im Konvent, der seit einigen Jahren umfassend restauriert wird, u.a. um Papageien, Mini-Ziegen, Hirsche und Ponys.

■ 3 km südl. von Fódele (ausgeschildert), tgl. 9–19 Uhr

33 Zarós

Idylle, Mineralwasser, Forellen und die Roúvas-Schlucht

Das Bergdorf am Südhang des Psiloritis ist inselweit wegen des oberhalb entspringenden und abgefüllten Mineralwassers bekannt. Dieses wurde schon von den Römern in die Stadt Górtis geleitet. Auf der Suche nach den Quellen landet man beim künstlich angelegten Vótomos-See, einem Ziel von Reisebussen, aber auch von Kretern, die gern zum Essen hierherfahren. Hauptattraktion ist dort die Forellenzucht der Taverne Vótomos: Der Landwirt Pétros Giannákis importierte in den 1980er-Jahren Forelleneier aus Kanada, heute kann man sich die Fische hier fangfrisch schmecken lassen. Naturfreunde starten nahebei mit der Wanderung (etwa 5 Std. hin und zurück) in die Roúvas-Schlucht, mit Thymian, Salbei, Kermes- und Steineichen, Steinlilien und Orchideen zwischen schroffen Felsen.

Sehenswert

Heimat- und Geologiemuseum

| Museum |

Neben traditionellen kretischen Trachten und alten Möbeln werden hier mehr als 350 Mineralien aus der ganzen Welt anschaulich präsentiert.

■ Ortskern, Tel. 28 94 03 17 65, Mai–Sept. 10–14 und 16–18 Uhr, 4 €, erm. 2 €

Restaurants

15 **€ | Vegéra** In der gemütlichen Taverne wird das aufgetischt, was tagesaktuell gekocht wird, in Buffetform mit Leckereien für jeden Ge-

schmack. Wer mag, kann im Rahmen von Kursen mitkochen. ■ Obere Platía, Tel. 28 94 031730, www.vegerazaros.gr

34 Górtis

16 *In Stein gemeißelt: Europas ältester Gesetzestext*

■ Górtis, Tel. 28 92 031144, Mitte April–Okt. tgl. 8–20, Nov.–Mitte April tgl. 8.30–15.30 Uhr, 6 €, erm. 3 €

Górtis, von 67 v. Chr. bis 823 n. Chr. die Hauptstadt der Insel, ist die bedeutendste kretische Ausgrabungsstätte aus griechisch-römischer Zeit. Im Jahr 59 n. Chr. kam Apostel Paulus mit seinem Weggefährten Titus nach Górtis. Nach seiner Abreise schrieb Paulus einen Brief an Titus, den Titus-Brief, und informierte ihn über seine Pflichten als erster Bischof Kretas. Die Ruinen von Górtis verteilen sich auf zwei Gelände, eintrittspflichtig nördlich der Straße und frei zugänglich im Olivenhain gegenüber. In dem eintrittspflichtigen Gelände fallen gleich zu Beginn die erhaltenen Apsiden der großen Titus-Basilika (6./7. Jh.) auf. Der Weg führt über die antike Agorá zum recht gut erhaltenen Odeon. An der Rückwand des für Musik- und Theaterveranstaltungen genutzten Baus steht hinter Gittern der bekannteste Teil der Stätte: zwölf von einst 20 Tafeln aus 42 Steinblöcken mit Gesetzestexten aus dem 5. Jh. v. Chr. Etwa 17 000 Buchstaben, abwechselnd von links nach rechts und umgekehrt, bilden den Text des Straf- und Zivilrechts von Górtis. In dorischem Dialekt informieren sie über Heirats-, Scheidungs-, Adoptions- und Erbschaftsrechte und benennen die Strafen bei Gesetzesbruch; u. a. war die Vergewaltigung einer Freien mit 100 Stateren zu bezahlen, bei einer Sklavin mussten zwei Statere entrichtet werden. Nördlich ist die immergrüne Platane der angebliche Zeugungsort des sagenhaften Königs Minos.

Der Vótomos-See bei Zarós ist ein künstlich angelegtes Naturidyll

Wer nun Lust hat, ein paar mehr Ruinen zu entdecken, der macht sich auf den Weg zur anderen Straßenseite. Gleich an der Kreuzung rankt sich ein Olivenbaum mit zwei Stämmen um eine antike Säule. Folgt man der Straße nach Mitrópoli, zweigt links ein Feldweg ab. Er führt zwischen Olivenbäumen zu den Resten des Südosttheaters, an einem Apollon-Tempel vorbei, zum Prätorium, dem Statthaltersitz mit Thermen, und zum Tempel der ägyptischen Götter.

Erlebnisse

17 **Wochenmarkt in Míres** Kunterbunt geht es zu auf Kretas größtem Markt: Zwischen Bergen aus Gemüse, Fleisch und Fisch stöbert man in Haushaltsartikeln, Textilien und Schuhen, Ramsch und Kitsch. ■ Hauptstraße von Míres, Sa etwa 6–14 Uhr

Käserei Korifí Bei Familie Fragiadákis gibt es Käse aus eigener Herstellung vom Molkekäse Mizíthra bis hin zum Hartkäse Graviéra – natürlich auch vakuumverpackt. ■ 25is Martíou 265, Míres, Mo–Fr 9–21, Sa 9–13 Uhr

In der Umgebung

Museum der kretischen Ethnologie

| Museum |

Dieses Museum in Vóri zeigt, wie die Kreter in den vergangenen Jahrhunderten Brot backten, Körbe flochten, Möbel schreinerten, Schuhe flickten, Tiere jagten oder Waren transportierten. Zu den Exponaten gehören auch Modelle typischer kretischer Häuser und Kirchen, Trachten und Musikinstrumente.

■ Vóri, Tel. 28 92 09 11 10, www.cretanethnologymuseum.gr, im Sommer tgl. 11–17 Uhr (Öffnungszeiten können variieren)

35 Festós

18 *Imposanter minoischer Palast mit Blick über Kretas Kornkammer*

Der minoische Palast von Festós (auch: Phaistos) thront auf einem Höhenrücken im Nordwesten über der Messará-Ebene. Ihr Gründer soll Rhadamanthys gewesen sein, Bruder des sagenhaften König Minos. Besiedelt wurde Festós ab dem 4. Jt. v. Chr., um 1900 v. Chr. wurde hier eine erste Palastanlage erbaut. Diese fiel 200 Jahre später einem Erdbeben zum Opfer, wurde aber schnell wieder aufgebaut. Mit der Messará-Ebene beherrschte Festós die Kornkammer Kretas und trieb vom Hafen Kommós (nördlich von Mátala) aus Handel im ganzen Mittel-

meerraum. Festós war im 2. Jt. v. Chr. nach Knossós das wichtigste politische und administrative Zentrum der Insel. Wie die übrigen minoischen Palastanlagen wurde es um 1450 v. Chr. zerstört. Ein Rundgang über das terrassierte Gelände führt vom Nordhof, der vermutlich als Markplatz diente, hangabwärts auf den von einem Prozessionsweg durchzogenen Westhof, der einst wohl der Schauplatz religiöser und politischer Zeremonien war. Im Norden nahmen Zuschauer auf breiten Stufen Platz. Im rechten Winkel dazu führt östlich eine 14 m breite Freitreppe hinauf zu den Säulenbasen einer Eingangs- oder Versammlungshalle.

Südlich der Treppenanlage lohnt ein Blick auf die Magazine des Palastes, deren einstige Funktion große Vorratskrüge veranschaulichen. Die Räumlichkeiten münden im Osten auf den Zentralhof. Am Hang im Nordosten sind die Reste eines Kultbads zu sehen. Wenige Meter dahinter blieben auf einem aussichtsreichen Hof Grundmauern eines Schmelzofens für Bronze erhalten. Zwischen diesem Hof und der Eingangshalle erstreckt sich der Nordflügel mit den königlichen Gemächern. Seinen Eingang flankieren zwei nachgebildete hölzerne Halbsäulen. Über einen kleinen Hof erreicht man das Mégaron der Königin mit einer Sitzbank und Alabasterverkleidung an Wänden und Fußboden. Daran schließt sich nördlich die Halle des Königs an; ein großer, durch viele Türöffnungen luftiger und lichtdurchfluteter Saal. Im Westen steht ein Bassin für kultische

Blick über den minoischen Palast von Festós hinweg auf die Messará-Ebene

Reinigungen. Östlich der Gemächer liegen die Archive und die Schatzkammern. In Raum 101 wurde der weltberühmte, noch immer rätselhafte Dískos von Festós (siehe S. 72) gefunden.

■ Festós, Tel. 28 92 04 2315, Mitte April–Okt. tgl. 8–20, Nov.–Mitte April tgl. 8.30–15.30 Uhr, 8 €, erm. 4 €

36 Agía Triáda

Festós' kleiner Nachbar – eine minoische »Villa« unter Pinien

Bis heute wird darüber spekuliert, wozu Agía Triáda einmal diente: Handelte es sich um den Sommersitz der Herrscher von Festós? Das Landgut eines Prinzen? Einen Kultbezirk? In jedem Fall war das minoische Agía Triáda (um 1600 v. Chr.) prächtig ausgestattet. Die Räume zierten Fresken und Bodenmosaiken, und man fand kostbare Vasen und Trinkgefäße sowie einen Kalksteinsarkophag, bemalt mit Szenen des minoischen Totenkults.

Nach der verheerenden Naturkatastrophe von 1450 v. Chr. übernahmen die Mykener das Regiment in Agía Triáda und überbauten einen Teil der Anlage. Im 14. Jh. wurde dort die mit Fresken ausgemalte Kapelle Ágios Geórgios erbaut, die sich pittoresk über dem Gelände erhebt.

Rechts vom Eingang liegt eine Siedlung aus spätminoischer und mykenischer Zeit mit einem lang gezogenen Marktplatz. Er wurde von einer Ladenzeile gesäumt, von der acht nahezu gleichgroße Geschäftsräume deutlich zu erkennen sind. Links erstreckt sich der L-förmig angelegte minoische Palast.

Der Weg führt vorbei an mit píthoi bestückten Magazinräumen sowie Wasserrinnen, die Regenwasser in eine Zisterne leiteten, zu einem von Türen durchbrochenen, mit einer in Stein gehauenen Bank ausgestattetem Raum – vermutlich das königliche Wohn- oder Schlafgemach. Nebenan liegt das sogenannte Arbeitszimmer, das einst mit prächtigen Fresken geschmückt war.

Die Ausgrabungen von Agía Triáda: Sommersitz, Landgut oder Kulturbezirk?

Man erkennt noch das Bild einer Wildkatze, die einem Fasan auflauert. Im sich anschließenden Archiv fand man mehr als 200 Tonsiegel und Täfelchen mit Linear-A-Schrift. Einen unglaublich großen materiellen Wert stellten zu ihrer Zeit die 19 Bronzebarren à 29 kg dar, die man in einem weiteren Magazin gefunden hat.

■ Agía Triáda, Tel. 28 92 09 15 64, tgl. 8.30–15.30 Uhr, 4 €, erm. 2 €

37 Mátala

Einst Hippie-Paradies, heute quirliges Urlaubsziel mit Höhlenwand

Mátala – in den 1960er-Jahren verhieß dieser Name Blumenkindern aus aller Welt grenzenlose Freiheit. Zahlreich unternahmen sie damals die beschwerliche Reise in das noch nicht von Straßen erschlossene oder mit Elektrizität und fließend Wasser versorgte kleine Fischerdorf. Die Einheimischen erlaubten ihnen, im Wäldchen hinter dem etwa 200 m langen Sandstrand zu campieren oder sich in den vielen Höhlen am Sandsteinhang oberhalb des Meeres häuslich einzurichten. Den wilden Partys und so auch der Hippie-Ära in Mátala bereitete der Militärputsch 1967 ein Ende. Heute soll mit dem von vielen jungen Leuten besuchten Mátala-Beach-Festival im Juni an die Blumenkinder erinnert werden. Außerdem ist Mátala, das von zwei Felswänden umschlossen wird, einer der beliebtesten Ferienorte der Südküste und bei vielen Reiseveranstaltern im Programm. Neben der unbeschwerten Atmosphäre finden die Urlauber hier einen sanft geschwungenen, wenn auch stark frequentierten Strand und einen recht bunten Ortskern, der weitgehend seine alte Architektur behalten konnte – die größeren Hotels liegen meist landeinwärts im Tal.

Urlaubsfreuden in unbeschwerter Atmosphäre: Mátala Beach

Sehenswert

Höhlen von Mátala

| Höhlen |

Matálas abends stimmungsvoll beleuchtete Felshöhlen direkt am Strand, teils von Menschenhand geformt, sind das Wahrzeichen des Orts und wurden bereits vor rund 8000 Jahren bewohnt. In römischer Zeit dienten die mitunter nur 2 × 2 m großen Höhlen als Grabkammern, in den 1960er- und 1970er-Jahren bezogen dann die Blumenkinder darin Quartier. Heute sind sie nicht zuletzt Mátalas beliebtestes Fotomotiv.

■ Tgl. 10–19 Uhr, 4 €, erm. 2 €

Red Beach

| Strand |

Zum – auch bei Nudisten beliebten – rötlichen Sandstrand hinter der südlichen Felswand kann man mit festem Schuhwerk in einer halben Stunde wandern und kraxeln oder mit einem Boot vom Hausstrand aus fahren.

Restaurants

€–€€ | Mystical View Hier serviert man bodenständiges Essen bei »magischem« Sonnenuntergang. ■ Zwischen Mátala und Kommós, Tel. 28 92 04 50 72

€€ | Scala Schickes Fischrestaurant mit vielen Leckereien aus dem Meer und herrlichem Blick von der Terrasse. ■ Am Südende der Bucht, Tel. 28 92 04 54 89, www.scala-fish-bar-restaurant.gr

Einkaufen

Botano Im bunten Laden von Ioánnis Giannoútsos gibt es Kräuter, Gewürze, Tees, getrocknete Früchte, Superfood und mehr – aus Kreta und aus aller Welt. ■ Koussés (nördlich von Mátala), Tel. 28 92 04 22 95, www.botano.gr

In der Umgebung

Kommós

| Strand |

Der lange Sandstrand erstreckt sich am Fuß niedriger Hügel. Das südliche Strandende wird von Klippen begrenzt. Archäologen legen landeinwärts die Reste des Hafens von Festós aus minoischer Zeit frei (nicht zugänglich).

Asteroúsia-Gebirge

| Gebirge |

Das die Messará-Ebene nach Süden zum Meer hin begrenzende, bis 1231 m hohe Asteroúsia-Gebirge ist ideal für eine Jeep-Tour. Schroffe Felshänge, tiefe Schluchten, rötlich-braune Macchia, winzige Weiler und Klöster machen den Reiz der Landschaft aus.

38 Léndas

Abgeschiedenes Südküstenörtchen, beliebt bei Individualurlaubern

Der beschauliche Küstenort Léndas liegt umschlossen von zwei Felsnasen vor malerischer Bergkulisse. Einfache Pensionen und Tavernen, die im Sommer von vielen Stammgästen besucht werden, findet man gleich oberhalb des Kies-Sand-Strandes. An der Straße zur Nachbarbucht Ditikós (auch: Dískos), in der Urlauber gern wild zelten und nackt baden, zeugen antike Überreste von Léndas' Popularität in römischer Zeit. Seit dem 4. Jh. v. Chr. steuerten Pilger das Äskulap-Heiligtum neben einer Thermalquelle an. Erhalten blieben Fundamentreste des Heiligtums (2. Jh. v. Chr.) und die Überreste eines Bodenmosaiks (Mi–Mo 8.30–15.30 Uhr).

Restaurants

€ | El Greco Garten, Meerblick und hervorragende Hausmannskost. Über der Taverne werden einfache Zimmer vermietet. ■ Am Strand, Tel. 28 92 09 53 22, www.lentas-elgreco.com

Sport

Cretan Outdoor Adventures Bergsteigen, Klettern, Canyoning sind nur einige Beispiele des Outdoor-Angebots mit garantiertem Adrenalin-Kick. ■ Ditikós (im Café Relax), www.cretan-outdoor-adventures.com

Vom bedeutenden Hafen der Antike zur Ferienhochburg: Liménas Chersoníssou

39 Liménas Chersoníssou

Bettenhochburg mit römischem Brunnen, Museum und Ausflugskapazität

Liménas Chersoníssou war in der Antike ein bedeutender Hafenort und im 5. Jh. Bischofssitz. Heute ist der lang gestreckte Ort Zentrum des Pauschaltourismus und Bettenhochburg der Insel. Entlang des schmalen, von einer Uferpromenade gesäumten Strands entstanden seit den 1970er-Jahren mehrstöckige Hotelanlagen mit inzwischen mehr als 30 000 Betten. Bars, Diskotheken und Tavernen sorgen für Unterhaltung, ein vielfältiges Sportangebot in der Umgebung komplettiert die touristische Infrastruktur. Schöner als der Strand im Zentrum sind die Strände vor den Großhotels, wenn man dort gebucht hat, oder die kleinen Buchten vor den hohen Felsen bei Saradári westlich. Aber auch dort wird es im Sommer richtig voll. Nah am Geschehen, maximal 3 km entfernt, aber viel charmanter sind drei Dörfer in aussichtsreicher Hanglage im Hinterland. Das alte Chersónissos punktet mit einer hübschen Platía, die von stimmungsvollen Tavernen gesäumt wird. Etwas höher liegen die hübschen Dörfer Piskopianó und Koutouloufári. In allen drei Orten laden enge Gässchen zum Bummeln ein, Cafés und Tavernen mit Aussichtsterrassen zum Verweilen. Die Hotels sind eine gute Alternative für alle diejenigen, die eher Ruhe suchen.

Sehenswert

Sarakino-Brunnen

| Architektur |

Mitten im Trubel stößt man auf den römischen Sarakino-Brunnen aus dem 3. Jh. Er hat die Form einer flachen Pyramide, deren Seitenfelder einst prächtige

Mosaike schmückten. Auf einer Seite ist sind die Motive noch erhalten: Fische, eine Ente, Kraken und ein kleiner nackter Fischer mit blauem Hut.
■ Uferpromenade

Lychnostátis

| Freilichtmuseum |

Das Museum präsentiert kretische Lebensart, Handwerkskünste und heimische Flora. Im Außengelände findet man ein traditionelles Haus, eine Ölpresse, Kapelle und Rakibrennerei. Im Schatten der Reben lockt das Museumscafé, nebenan der Hausstrand.
■ Östlicher Ortsrand, Tel. 28 97 02 36 60, www.lychnostatis.gr, April–Okt. So–Fr 9–14 Uhr, 6 €, erm. 3 €

Restaurants

€–€€ | Akrogiáli Auch von Einheimischen gern besucht. Fisch, Meeresfrüchte und mezédes werden hier traditionell zubereitet. ■ 25is Martíou, Tel. 28 97 02 32 60, www.akrogiali.eu

€€–€€€ | Saradári Romantisch-elegantes Ambiente mit Meerblick, frischer Fisch und innovative Kreationen. ■ Agíou Georgíou, Saradári, Tel. 28 97 02 53 75, www.saradari.com

Kneipen, Bars und Clubs

Kahlua Tische, Kissen und Fackeln im Sand und eine rundum entspanntstylishe Atmosphäre sind ideal für warme Sommernächte. ■ 25is Martíou

Kinder

Acqua Plus Spaßbad mit tollen Wasserrutschen. ■ Südwestl. von Liménas Chersoníssou (Richtung Kastélli), Tel. 28 97 02 49 50, www.acquaplus.gr

Aquaworld Im kleinen Aquarium samt Reptilienauffangstation kommen Fans von Schlangen, Eidechsen, Geckos, Schildkröten etc. voll auf ihre Kosten. ■ Filikís Etairías 7, www.aquaworld-crete.com, Mo–So 10–17 Uhr, 8 €, erm. 4 €

Dinosauria Park Amüsanter kleiner Freizeitpark mit animierten Dinos, 5-D- und 7-D-Kino und anderen Aktivitäten, ideal für kleine Dino-Fans. ■ Goúrnes (ausgeschildert), Tel. 28 10 33 20 89, www.dinosauriapark.com

Sport

Arion Stables Reitstall einer deutsch-griechischen Familie, Reitunterricht und schöne Ausritte. ■ Nordwestlich von Alt-Chersónissos, Tel. 69 73 73 38 25, www.arionstables.com

Crete Golf Club Kretas einziger 18-Loch-Golfplatz, eingebettet in eine Hügellandschaft. ■ 7 km südlich von Liménas Chersoníssou, Tel. 28 97 02 60 00, www.cretegolfclub.com

In der Umgebung

Cretaquarium In 60 teilweise riesigen Aquarien tummeln sich über 200 Arten von Fischen und anderem Meeresgetier. ■ Goúrnes (ausgeschildert), www.cretaquarium.gr, April–Okt. tgl. 9.30–19, Nov.–März tgl. 9.30–16 Uhr, 10 €, erm. 6 €, Kinder bis 4 Jahre frei

40 Mália

Partyhochburg und minoischer Palast unter einem Namen vereint

Der Ruf als »Ballermann von Kreta« eilt Mália voraus: knatternde Quads, English Breakfast all day long, Trinkgelage nicht nur am Strand, Leuchtreklamen überall… Wer auf all das verzichten kann, sollte einen Bogen um den bei britischen Jugendlichen beliebten Badeort machen und zielstrebig den minoischen Palast von Mália ansteuern. Wer hier ein Hotel gebucht hat, kann statt des Hauptstrands, an dem den ganzen Tag lang Party gemacht wird, den Hotelstrand (wenn vorhanden) oder den sandigen Strand Potamós rund zwei Kilometer östlich nahe der archäologischen Stätte besuchen. Den flach abfallenden Strand wissen auch Familien mit Kindern zu schätzen.

Sehenswert

Minoischer Palast Mália

| Archäologische Stätte |

Der minoische Palast von Mália wird seit den 1920er-Jahren erforscht. Wie die anderen Palastzentren der Minoer erlebte Mália seine Blütezeit zwischen 1700 und 1450 v. Chr. Das nah am Meer gelegene Palastareal ist mit Infotafeln bestückt und gut nachzuvollziehen. Wohntrakte, Kult- und Wirtschaftsräume sowie Magazine säumen den Zentralhof. Die Agorá ist ein großer Platz ähnlich den hellenistischen Marktplätzen. Im noch aus der Altpalastzeit stammenden Quartier My findet man die Reste zahlreicher Werkstätten.

■ Östlicher Ortsrand, Tel. 28 97 03 15 97, Mai–Okt. Mi–Mo 8–18, Nov.–April Mi–Mo 8.30–15.30 Uhr, 6 €, erm. 3 €

Restaurants

€–€€ | Kalíva Einfache, auch von Einheimischen besuchte Strandtaverne. Leckere Grill- und Schmorgerichte zu angemessenen Preisen. ■ Am Potamós-Strand, Tel. 69 42 55 58 45, tgl. 9–21 Uhr

Im Blickpunkt

Kretische Ess- und Kaffeekultur

Die Kreter gehen zum Essen gerne aus, in die einfache Taverne, ins moderne Restaurant, ins typische rakádiko (benannt nach dem Tresterschnaps Raki) oder ins mezedopolío, das den Namen den in kleinen Portionen servierten, vielfältigen mezédes verdankt, die man sich auch im rakádiko und meist auch als Vorspeise in Tavernen teilt, um möglichst viel zu probieren. Besonders gern und stundenlang gehen die Kreter auch Kaffee trinken. Während es in Dörfern oft noch die urige Männerdomäne kafenío gibt, verweilt man in Städten und Küstenorten gern in schick gestylten Lounge-Cafés. Dort trinkt man nur selten den traditionellen griechischen Mokka (ellinikós kafés). Die Kreter bevorzugen eisgekühlten Espresso (Freddo Espresso), Cappuccino (Freddo Cappuccino) oder Frappé, löslicher Kaffee auf Eis. Bei der Bestellung fragen Kellner immer, ob man Zucker im Kaffee möchte: skétos (ohne), métrios (ein bisschen) und glikós (süß).

Übernachten

Kulturtrip oder Strandurlaub? Oder eine Mischung aus beidem? Die Herbergen der Region sind vielfältig: Es gibt einfache bis luxuriöse City-Hotels in Iráklio, geschmackvolle Ferienwohnungen und -häuser im ruhigen Hinterland, persönliche Hotels, Pensionen und Bed & Breakfast bei Mátala und Léndas sowie familiäre oder riesige Strandhotels für jeden Geldbeutel in den quirligen, als Ausgangspunkt für Ausflüge in alle Richtungen gut geeigneten Urlaubszentren der Nordküste.

Iráklio 68

€ | **Krónos** Wer sich nicht vom Trubel an der Uferstraße stören lässt, der genießt von den einfachen Zimmern des familiär geführten Hotels direkten oder seitlichen Meerblick. ■ Leofóros Sof. Venizélou 2/Ecke Monís Agaráthou, Tel. 2810282240, www.kronoshotel.gr

€€ | **Ibis Styles Heraklion Central** Das durchgestylte, 2017 eröffnete 4-Sterne-Haus mit modernen Zimmern in Erdtönen und ausgiebigem Frühstück liegt zentral über einem Parkhaus. ■ Koronéou 26/Ecke Agíou Títou, Tel. 2810282020, www.ibis.com

€€ | **Lato** Schickes Boutiquehotel oberhalb vom Venezianischen Hafen mit ansprechend funktional ausgestatteten Zimmern und Suiten. Fitness- und Spa- Bereich. Gourmet-Restaurants im Haus. ■ Epimenídou 15, Tel. 2810228103, www.lato.gr

€€ | **Olive Green** Das umweltfreundliche, 2016 eröffnete Stadthotel begeistert mit zentraler Lage, minimalistisch-gemütlichem Design und recht freundlichem Service. ■ Meramvéllou/Ecke Idoméneos, Tel. 2810302900, www.olivegreenhotel.com

€€€ | **Aquila Atlantis** Das elegant modernisierte Hotel mit Hafenblick, Dachterrasse, Innen- und Außenpool wird mitten in der Stadt auch hohen Ansprüchen gerecht. Tolles Frühstück. ■ Igías 2, Tel. 2818100100, www.hotelatlantis.com

€€€ | **GDM Megaron** Exklusives Haus mit Blick auf den Fährhafen. Komfortable Zimmer, Pool auf dem Dach, Fitnessraum, Sauna, Dampfbad, Jacuzzi. ■ Doúkos Beaufort 9, Tel. 2810305300, www.gdmmegaron.gr

Archánes 82

€–€€ | **Villa Archánes** Die sechs im traditionellen kretischen Stil eingerichteten Ferienwohnungen mit liebevollen Details liegen rund um einen Pool in einer gepflegten, wohligen Anlage. ■ Evangelías Armenáki 19, Tel. 6972443466, www.villaarchanes.gr

€€ | **Arhontikó** Vier geschmackvoll eingerichtete und sehr gut ausgestattete Apartments in einem 1897 erbauten Haus, in dem schon Partisanen unterkamen. ■ Bogiatzáki 11, Tel. 2810752985, www.arhontikoarhanes.gr

Fódele 85

€–€€ | **Pela Mare** Auf einem Hügel oberhalb des Ferienorts Agía Pelagía ruhig gelegene, gepflegte Anlage mit Pool und 24 Studios und Apartments und einer grandiosen Sicht auf die Bucht. ■ Agía Pelagía (11 km östlich von Fódele), Tel. 28 10 81 15 10, www.pelamarehotel.com

Zarós 86

€€€ | Eleónas Neben steinernen, elegant-traditionell gestalteten Cottages am grünen Berghang stehen Pool, Taverne, Aktivitäten und Mountainbikes zur Verfügung. ■ Am Ortsende in Richtung Kamáres, Tel. 28 94 03 12 38, www.eleonas.gr

Mátala 91

€ | Fantastic Matala Lässige Atmosphäre, hilfsbereite Vermieter und modern gestaltete Zimmer. ■ An der Zufahrtsstraße, Tel. 28 92 04 53 62, www.fantastic-matala.com

€–€€ | Nikos Die netten Wirtsleute Panagióta und Níkos bieten 22 einfache Zimmer mit und ohne Aircondition, ganz nah am Geschehen. ■ Hotelgasse hinter dem Ortskern, Tel. 28 92 04 53 75, www.matala-nikos.com

Léndas 92

€ | Athina Residence Mit hübschen Details akzentuierte Studios in Blau-Weiß-Grau, Meeresrauschen und Herzlichkeit inklusive. ■ Am Strand, Tel. 28 92 09 52 15, www.athina-residence.com

€–€€ | Casa Doria Von einer charmanten Italienerin geführte Ruheoase mit Meerblick – und hausgemachter Pasta! ■ Loutrá (3 km östlich von Léndas), Tel. 28 92 09 53 76, www.casadoriacrete.com

Liménas Chersoníssou 93

€€ | Casa Bianca Familiäre Atmosphäre zum Wohlfühlen bietet das feine 4-Sterne-Haus mit Pool und geräumigen Zimmern in herrlicher Hanglage abseits des Trubels. ■ Koutouloufári, Tel. 28 97 02 40 90, www.casabiancacrete.gr

€€ | Creta Blue Oberhalb von Koutouloufári am Hang gelegenes, freundlich geführtes Boutiquehotel, mit einem Hauch von Luxus, äußerst charmant eingerichteten Suiten, teils mit Whirlpool, Restaurant und Pool. ■ Ipsilántou, Koutouloufári, Tel. 28 97 02 91 57, www.cretablue.com

(19) **€€–€€€ | Hara Ilios Village** Familiär und freundlich wohnen, nah am Meer: gute Lage für Ausflügler zwischen Iráklio und Chersónissos. Saubere moderne Zimmer, teils sogar mit eigenem Pool, gepflegter Garten, Pool, leckere Cocktails und gutes Essen. ■ Agíou Panteleímonos, Goúves, Tel. 28 97 04 27 40, www.hara-ilios.gr

€€€ | Creta Maris 5-Sterne-Haus im Stil eines kretischen Dorfes, gepflegter Sandstrand, Pools, Spa Center und ein breites Sport- und Unterhaltungsangebot für Groß und Klein. All inclusive. ■ Zwischen Liménas Chersoníssou und Sarandári, am Strand, Tel. 28 97 02 70 00, www.cretamaris.gr

Mália 94

€ | Aegean Sky Chillig und jung mit tollen Gastgebern sowie hohem Spaßfaktor. Hier fühlen sich junge Leute einfach wohl – und sind ganz nah dran an der Partymeile. ■ Ilaríonos Katsoúli 17, Tel. 28 97 02 97 00, www.aegean-sky.gr

€–€€ | Drossia Palms Hotel and Nisos Eine Wohlfühloase mit Palmen und Pool mitten im trubeligen Mália, mit viel Liebe zum Detail, elegant und farbenfroh gestaltet. ■ Dimokratías 133, Tel. 28 97 03 16 57, www.drossiapalms.gr

Lassíthi – Licht und Meer in Kretas Osten

Natur und Kultur auf der Lassíthi-Hochebene, Kleinstadt-Flair in Ágios Nikólaos, Sitía und Ierápetra, Traumstrände in Vái und auf Koufoníssi

Zum Regionalbezirk Lassíthi gehört mit dem Golf von Mirabéllo der landschaftlich wohl schönste Küstenabschnitt der ganzen Insel. Hier fallen die Berge sanft ins tiefblaue Meer ab. An ihre Hänge schmiegen sich die Häuser der auch bei Urlaubern beliebten Hauptstadt der Region, Ágios Nikólaos, und die mondänen Hotelanlagen von Eloúnda. Nördlich genießt man im Küstenörtchen Pláka frischen Fisch mit Blick auf Spinalónga. Idyllische Fischtavernen säumen auch den Hafen von Móchlos. Fahrten ins Hinterland führen in die Díkti-Berge, zu idyllischen Dörfern wie Kritsá oder hinauf zur ursprünglichen Lassíthi-Hochebene. Von der südlichsten Stadt Europas, Ierápetra, führen Ausflüge zur Insel Koufoníssi, zum Kloster Kapsá und nach Káto Zákros. In diesem Dörfchen mit dem Palast aus minoischer Zeit endet auch die Schluchtwanderung durch das Tal der Toten. Im Nordosten ist die Kleinstadt Sitía ein guter Ausgangspunkt für weitere Erkundungsfahrten, etwa an den berühmten Strand von Vái.

In diesem Kapitel:

ADAC Top Tipps:

8 **Spinalónga**
| Archäologische Stätte |
Die unbewohnte Insel war einstmals Europas letzte Leprakolonie und liegt wunderschön in der Mirabéllo-Bucht. Beim Besuch verbindet man Sightseeing mit einem Bootsausflug. 106

9 **Lassíthi-Hochebene**
| Landschaft |
Ursprünglichkeit erleben – auf Kretas bekanntester fruchtbarer Hochebene die Geburtsstätte des Göttervaters Zeus besichtigen. 107

10 **Vái**

| Strand |

Planschen, Schwimmen und Schnorcheln ... feinster Sand und dahinter Kretas größter Palmenhain. Ein wahres Paradies – ganz besonders in der Nebensaison. 112

ADAC Empfehlungen:

20 **Ágios Nikólaos**

| Ort |

Charmantes Häusergewirr zwischen See und Meer. 100

21 **Vilaéti, Lassíthi-Hochebene**

| Restaurant |

Erzeugnisse der Lassíthi-Hochebene genießen. 108

22 **Panagía i Kerá, Kritsá**

| Kirche |

Kretas einzigartiges byzantinisches Schmuckstück. 108

23 **Móchlos**

| Ort |

Gemütliche Fischtavernen in einer besonders romantischen Lage. 109

24 **Moní Toploú**

| Kloster |

Ein wehrhaftes Kloster mitten im kretischen Nirgendwo. 112

25 **Cretan Villa, Ierápetra**

| Hotel |

Eine kleine Herberge mit ausgesprochenem Wohlfühlfaktor. 120

41 Ágios Nikólaos

Lebhaftes Städtchen im wunderschönen Golf von Mirabello

Der Hafen von Ágios Nikólaos lädt zum Flanieren und Verweilen ein

Information

- Städtische Touristen-Info, 72100 Ágios Nikólaos, Aktí I. Koundouroú, Tel. 28 41 02 23 57, www.agiosnikolaoscrete.com, April–Nov. Mo–Sa 9–17, Juni–Sept. Mo–Fr 9–22, Sa, So 10–18 Uhr
- Parken: siehe S. 102

20 *Touristische Perle in traumhafter Lage an den Hängen des Golfs*

Die moderne Kleinstadt in der malerischen Mirabéllo-Bucht ist das Verwaltungszentrum des Regionalbezirks Lasíthi. Bereits in den 1960er-Jahren lockte sie dank ihrer traumhaften Lage Urlauber auf die Insel. An den Hängen des Golfs von Mirabéllo gelegen, zeigt Ágios Nikólaos, dass das kretische Eigenleben und der Tourismus gut miteinander in Einklang gebracht werden können. Rund um den Hafen, den Voulisméni-See und in der Fußgängerzone 28is Oktovríou bummeln Kreter und Touristen gleichermaßen gern. Im idyllischen Ortskern, in dem wie an der Küste viele Hotels angesiedelt sind, mischt sich das Publikum in Cafés, Tavernen, Restaurants und Geschäften.

Plan S. 103

Die kurzen Stadtstrände, den kiesigen Kitroplatía und den sandigen Ámmos, nutzt man für einen Sprung ins kühle Nass. Die 1 km entfernt liegenden Sandstrände Ammoúdi mit einer schicken Beach-Bar im Norden und Almyrós mit Wassersport im Süden laden zu längerem Verweilen ein.

Sehenswert

1 Voulisméni-See

| Flaniermeile |

Beliebtes Fotomotiv und populärer Treffpunkt ist der kleine, dunkelgrün schimmernde Voulisméni-See, einst einer von zwei Süßwasserseen Kretas, doch seit 1870 durch einen kurzen Kanal mit dem Meer verbunden. An den Ufern liegen bunte Fischerboote vertäut. Im Norden und Osten wird der See von schroffen Felswänden gerahmt. Eine in den Fels geschlagene Kapelle wird nachts hübsch beleuchtet. Stufen führen von dort hinauf zu einem Aussichtspunkt.

2 Volkskundemuseum

| Museum |

Das Folkloremuseum an der Brücke zeigt kretische Handwerksutensilien, Haushalts- und Einrichtungsgegenstände vornehmlich aus dem 19. und frühen 20. Jh. Man sieht eine Wohnstube, ein Schlafgemach – rührend ist das mit Schnitzereien verzierte Babybettchen – und eine Webstube.

■ Neben der Touristen-Info an der Brücke, Tel. 28 41 02 50 93, Öffnungszeiten variieren (in der Touristen-Info erfragen)

3 Archäologisches Museum

| Museum |

Das Museum beherbergt Funde aus Ostkreta, von der neolithischen bis zur griechisch-römischen Zeit. Bedeutendstes frühminoisches Exponat ist die »Göttin von Myrtos«, die 18 cm hohe Keramik einer weiblichen Figur mit winzigem Köpfchen, überlangem Hals und bauchigem Unterleib, einen Krug im Arm. Gänsehaut verursacht das Skelett eines Kindes, das vor etwa 3500 Jahren in einem Tonkrug bestattet wurde. Spannend ist ein mit goldenem Lorbeerkranz geschmückter Toten-

Zwei Vierecktürme flankieren das Rundportal über der Kirche Agía Triáda

schädel (1. Jh. n. Chr.), der noch eine Silbermünze für die Überfahrt ins Totenreich zwischen den Zähnen trägt.

■ Paleológou 74, Tel. 28 41 02 49 43, zurzeit wg. Renovierungsarbeiten geschl.

4 Städtische Galerie

| Ausstellung |

Wechselausstellungen aus den Bereichen Fotografie, moderne Kunst und Design in den schönen, teilweise mit original Mobiliar und Lampen ausgestatteten Räumen der im Jahr 1850 erbauten Jugendstilvilla.

■ 28is Oktovríou 8, Öffnungszeiten je nach Ausstellung

5 Kamára

| Ausgrabungsstätte |

Mitten zwischen Wohnhäusern liegen die frei einsehbaren Reste der antiken Stadt Lató pros Kamára. Vom Hafen und Bistumssitz der dorischen Stadt Lató wurden die Reste einer Handvoll Häuser und von Straßen freigelegt.

■ Sfakianáki/Ecke Eikostís Pémptis Martíou

6 Kitroplatía

| Strand |

Der mit Liegen und Sonnenschirmen ausgestattete Strand ist zwar recht klein, doch für einen kurzen Besuch gut geeignet. Die Tavernen und Cafés, die ihn säumen, sind bei den Kretern besonders am Abend sehr beliebt.

7 Agía Triáda

| Kirche |

Zwei niedrige Vierecktürme flankieren das Rundportal der modernen Kirche, über dem ein Mosaik Engel und Heilige beim Mahl zeigt. Der Innenraum wurde in den 1980er-Jahren vollständig mit großfigurigen Fresken im traditionellen byzantinischen Stil ausgemalt.

■ Platía E. Venizélou, tagsüber geöffnet

P Parken

Einen Parkplatz findet man in Ágios Nikólaos meist am Hafen, an der Uferstraße Aktí Themistokléous zwischen Kitroplatía und dem Hafen oder an der Epimenídou/Ecke Peráki.

Verkehrsmittel

Vom **Fähranleger** (Plan S. 103 b1), an dem schon lange keine Fähren, aber Kreuzfahrtschiffe anlegen, starten auch die verschiedenen Ausflugsboote, etwa nach Spinalónga.

Busbahnhof für Überlandbusse (KTEL)

■ Epimenídou 59, Tel. 28 41 02 22 34, www.ktelherlas.gr, Plan S. 103 westl. a1

Restaurants

€ | Maistráli Leckere traditionelle und kreativ abgewandelte Gerichte in entspannter Atmosphäre am Kitroplatía-Strand. ■ Aktí Pagkálou/Ecke Evans, Tel. 69 84 90 16 44, www.maistrali.gr, Plan S. 103 c3

€€–€€€ | Pélagos Exzellente Fischgerichte im stilvollen Ambiente einer klassizistischen Villa mit hübsch-liebevoll gestaltetem Garten. ■ Stratigoú Kóraka 10/Ecke Katecháki, Tel. 28 41 08 20 19, Plan S. 103 b2

€€€ | Piato Blick auf den Ammoudi-Strand, kreativ variierte inseltypische Gerichte und gute Weine. ■ Minóos 5, Tel. 28 41 02 31 73, www.piato.gr, tgl. ab 13 Uhr, Plan S. 103 nordwestl. a1

€€€ | Migómis Piano-Restaurant mit tollem Blick, langer Tradition und internationaler Küche. ■ Plastíra 20, Tel. 28 41 02 43 53, www.migomis.com

Cafés

Arc Hoch über dem See gelegenes Café mit tollem Ausblick, leckeren Desserts und guten Cocktails zu fairen Preisen. ■ Vitséntzou Kornárou 1, Plan S. 103 a2

Perípou Die Kulturszene liebt den Boheme-Charme des Cafés und den Seeblick von der Veranda. ■ 28is Otkovriou 25, Tel. 28 41 02 48 76, Plan S. 103 b2

Einkaufen

Atelier Ceramica Seit über 20 Jahren fertigt Nic Gabriel Kopien antiker Keramik an. ■ Paleológou 28, Tel. 28 41 02 40 75, www.atelier-nicgabriel.webnode.gr, Plan S. 103 a1

Byzántio Größtenteils vom Inhaber Níkos Tzíris selbst handgemalte Ikonen. ■ 28is Oktovríou 14, Tel. 28 41 02 65 30, Plan S. 103 b2

Kneipen, Bars und Clubs

Aléxandros Aktuelle Popmusik und Oldies in einer alteingesessenen, begrünten Dachterrassen-Bar. ■ Kondiláki 1, tgl. ab 20 Uhr, Plan S. 103 b2

Yianni's Rock Music Bar Die älteste Musikkneipe in Ágios Nikólaos mit vielen Stammgästen, 1980er-Jahre-Charme, Rockmusik und Blues. ■ Aktí Koundouroú 1, tgl. ab 21 Uhr, Plan S. 103 c2

Kinos

Open-Air-Kino Christina Vorführungen internationaler Streifen in englischer Sprache mit griechischen Untertiteln, meist Mitte Juli/August am Wochenende, außer dienstags. ■ Ethnikís Antistáseos 11, 5 €, Programm bei der Tourist-Info

Events

Mirabéllo-Festival Im Juli und August finden u.a. auf der kleinen Bühne am See Auftritte verschiedener Künstler, Folklore-Abende, Theateraufführungen und Sportwettkämpfe statt. Termine bei der Tourist-Info sowie über die interessante App Mirabello aus den Appstores von Google und Apple.

In der Umgebung

Ágios Nikólaos

| Kirche |

Wer sich für byzantinische Gotteshäuser interessiert, kann das Hotel Minos Palace aufsuchen, wo sich die kleine Kuppelkirche Ágios Nikólaos (Schlüssel gegen Vorlage eines Ausweises an der Hotelrezeption) befindet. Apsis und Kuppel des einräumigen Bruchsteinbaus zeigen Reste floraler und geometrischer Fresken. Sie entstanden in einer Zeit (726–843), als sich christliche Theologen stritten, ob Heilige und biblische Gestalten figürlich dargestellt werden dürfen. Im 14. Jh. wurden sie mit Heiligendarstellungen übermalt.

■ Ammoudioú (nördlicher Ortsrand)

Gourniá

| Archäologische Stätte |

An Kretas engster Stelle liegen idyllisch im Olivenhain die Reste der minoischen Kleinstadt Gourniá, die einst den Warenhandel zwischen Nord- und Südküste kontrollierte. Von der um 1600 v. Chr. gegründeten, 1450 v. Chr. zerstörten Stadt sind viele Grundmauern erhalten. Verschachtelte und gepflasterte Wege führen zu Häusern, an denen teilweise erkennbar ist, dass das Obergeschoss über Treppen erreichbar war, und hinauf zu den Ruinen des Verwaltungssitzes.

■ 19 km östlich von Ágios Nikólaos (kurz vor Pachiá Ámmos), Mi–Mo 8.30–15.30 Uhr, 3 €, erm. 2 €

42 Eloúnda

Von unbezahlbar bis beschaulich: Ferien am Golf von Mirabéllo

In keiner anderen Region Kretas gibt es so viele Luxushotels wie an der zerklüfteten Küste des Golfs von Mirabéllo südlich von Eloúnda. Besonders bei der Anfahrt über die hoch am Hang verlaufende Panoramastraße fallen die exklusiven Unterkünfte auf, die Jahr für Jahr die Prominenz und den Geldadel aus der ganzen Welt beherbergen. Traum-

Auf dem Gelände des Hotels Minos Palace findet man die Kirche Ágios Nikólaos

haft schön liegen sie abgeschottet in der für ihr angenehmes Klima bekannten Bucht. Im Küstenörtchen selbst ist der Luxus kaum zu spüren. Die Gäste der kleineren Hotels machen Ausflüge und treffen sich abends in Cafés und Tavernen am Hafen und an der Promenade. Urlauber fahren oft zur Halbinsel Spinalónga gegenüber, erreichbar über einen Damm. Zum Baden lädt dort der feinsandige Strand Kolokítha auf der Ostseite ein. In der Antike bildete die Halbinsel mit der Küste bei Eloúnda den Hafen der Stadt Ólous. Im Wasser liegen ihre Ruinen. Auffälliger sind beim Überqueren des Damms die Reste alter Salinen im Wasser und die Windmühlen. Hinter der Taverne Kanáli sieht man Teile des Mosaikfußbodens (5. Jh.) einer frühchristlichen Basilika.

Restaurants

€€–€€€ | Giórgos (Giovanni's) Frischer Fisch und köstliche Meeresfrüchte in stimmungsvoller Atmosphäre mit Blick auf Spinalónga. ■ Promenade von Pláka, Tel. 28 41 04 13 53, www.giorgos-plaka.gr

€€–€€€ | Kanáli Idyllische Fischtaverne mit köstlichen mezédes. ■ Am Ende des Damms auf der Halbinsel, Tel. 28 41 04 20 75, www.eloundakanali.gr

In der Umgebung

Pláka Das schmucke, Spinalónga genau gegenüber liegende Örtchen wurde in den letzten Jahren als Schauplatz der Dreharbeiten für eine griechische Fernsehserie herausgeputzt. Von seinem Hafen fuhren einst die Versorgungsschiffe auf die damalige Lepra-Insel. Heute sind die stimmungsvollen Tavernen an der kurzen Promenade und an dem kleinen Platz bei Kretern wie bei Touristen gleichermaßen beliebt: Pláka lädt nicht nur zu kulinarischen Freuden ein, sondern auch zu einem fröhlichen Badevergnügen am Kiesstrand oder zu einem kurzen Shoppingbummel.

43 Spinalónga

8 *Einstige Insel der Verbannten, bewacht von venezianischem Fort*

Information

■ Tel. 28 41 02 51 15, April–Okt. 8–20 Uhr, im Winter geschl., 8 €, erm. 4 €

Kaum ein Urlauber am Mirabéllo-Golf verzichtet auf einen Bootsausflug zu der ehemaligen Lepra-Insel Spinalónga, die offiziell Kálidon heißt und der Halbinsel Spinalónga im Norden vorgelagert ist. Auf dem kleinen felsigen Terrain errichteten die Venezianer 1579 ein Fort, das die Türken erst 45 Jahre nach dem übrigen Kreta in Besitz nahmen. 1903 ließ dort die kretische Regierung eine Lepra-Kolonie einrichten. Ab 1913 lebten dort bis zu 1000 Kranke unter elenden Umständen. Sie richteten die alten Häuser her, legten Obst- und Gemüsegärten an und versuchten einen weitgehend normalen Alltag zu führen. Ein Arzt kam nur sporadisch auf die Insel. Erst gegen Ende der 1930er- Jahre besserte sich die Lage: Die Regierung richtete ein Krankenhaus ein, 1949 wurde Elektrizität installiert. Vier Jahre später entdeckte man ein Heilmittel gegen Lepra, und 1957 wurden die letzten Internierten entlassen.

Der Rundgang auf Spinalónga beginnt unterhalb der gewaltigen Südbastion der venezianischen Festung. Linker Hand führt ein Tunnel zur Wohn- und Ladenstraße der einstigen Lepra-Kolonie. Dort klären Infotafeln und historische Fotos über die Geschichte der Insel auf. Rechts passiert man die kleine Kirche Ágios Pandeleímonas, neben der ein Pfad bis hinauf zu dem Hospital

Blick über den Golf von Mirabello mit der ehemaligen Lepra-Insel Spinalónga

führt. Links des Hauptweges gibt die Porta Maestra, das Haupttor aus venezianischer Zeit, den Blick auf das Meer frei. Am Felsufer im Norden und Osten der Insel entlang führt der Weg bis zu der zweischiffigen Kapelle Ágios Geórgios und zum Friedhof der venezianischen Bastion Donato.

Verkehrsmittel

Boote für die Überfahrt Während der Saison alle 30 Minuten Verbindungen mit Taxi-Booten. ■ Von Eloúnda, www.eloundaboat.gr, und von Pláka, www.plakaboat.gr

Täglich verkehren zudem größere **Ausflugsdampfe**r von Ágios Nikólaos – auch mit Badestopp und BBQ buchbar. ■ Zum Beispiel bei Nostos Cruises, Roússou Koundouroú 30, Ágios Nikólaos, Tel. 28 41 02 28 19, www.nostoscruises.com

ADAC Mittendrin

Um das wahre Leben auf der **Lassíthi-Hochebene** kennenzulernen, bleibt man am besten über Nacht. Lässt den Tag in einer Taverne zwischen Einheimischen ausklingen, genießt das kühle Klima und lässt sich morgens von krähenden Hähnen wecken.

44 Lassíthi-Hochebene

9 *Bauerndörfer, ausgedehnte Felder, Zeus' legendäre Geburtshöhle*

Abgeschirmt von den bis zu 2148 m hoch aufragenden Gebirgsstöcken des Díkti-Gebirges liegt die Lassíthi-Hochebene auf 817–850 m Höhe. Hier wächst auf fruchtbarem, im Frühjahr sehr wasserreichem Schwemmland reichlich Getreide, Obst und Gemüse. Davon leben die Menschen in den 21 Dörfern des Plateaus seit Jahrhunderten. Mittlerweile ziehen ländliche Idylle und Beschaulichkeit auch immer mehr Urlauber an, die die rund 10 mal 5 km große Region vor allem im Sommer mit Reisebussen oder auf eigene Faust erkunden. Wer die Lassíthi-Hochebene von Iráklio, Chersónissos oder Mália aus ansteuert, landet nach ungezählten Serpentinen zunächst am Pass Selí Ambélou auf 900 m Höhe, wo die Ruinen alter Getreidemühlen in langer Reihe stehen. Auf der anderen Seite des Passes kann man einen ersten Blick auf das fruchtbare Plateau werfen. Einst trieben dort Tausende von segeltuchbespannten Windrädern Pumpen an, die im Sommer das Grundwasser auf die Felder hinaus beförderten.

Sehenswert

Diktéon Ándron

| Tropfsteinhöhle |

Die Díkti-Höhle diente im 2. Jt. v. Chr. als Kultort. Der Legende nach soll hier Göttervater Zeus von Ziegen aufgezogen worden sein. Seine Mutter Rhea fürchtete nämlich, dass Vater Kronos den Sohn wie zuvor schon seine Geschwister verschlingen würde. Neben der Legende um den Göttervater faszinieren in der Höhle auch ganz profane Stalagmiten und Stalaktiten. Hinauf gelangt man in etwa 20 Minuten zu Fuß oder, teurer, mit einem Esel. ■ Psychró, Mai–Okt. tgl. 8–20, Nov.–April Mi–Mo 8.30–15.30 Uhr, 6 €, erm. 3 €

Gefällt Ihnen das?

Die »Geburtsstätte des Zeus« ist Kretas wohl bekannteste Tropfsteinhöhle. Wer hier auf den Geschmack gekommen ist, findet sicher auch die Höhlen von **Melidóni** (S. 108) und **Sfentóni** (S. 111) interessant.

Restaurants

21 **€–€€ | Vilaéti** Kretische Landküche in gemütlich-rustikalem Ambiente, verwendet werden Zutaten aus eigenem Anbau. Von der Terrasse Blick über die Felder. ■ Ágios Konstantínos, Tel. 28 44 03 19 83, www.vilaeti.gr

Erlebnisse

VIVA let's fly! Seit 2022 kann man die Lassíthi-Hochebene auch im Rahmen einer rund 40-minütigen Heißluftballonfahrt (ab 250 €/Pers.) bestaunen. ■ www.hotairballooncrete.com

In der Umgebung

Moní Kerá

| Kirche |

Das Innere der dreischiffigen Klosterkirche schmücken Fresken aus dem 14. Jh. Große Verehrung genießt eine Marienikone, die der Legende nach schon mehrmals von den Türken nach Konstantinopel entführt worden, aber auf wundersame Weise immer wieder zurückgekehrt sein soll. ■ Kerá, Sommer 7–19, Winter 8–17 Uhr, 2 €

45 Kritsá

Lebhaftes Dorf, byzantinisches Juwel und aussichtsreiche Ausgrabung

Das Bergdorf Kritsá liegt nur wenige Autominuten von Ágios Nikólaos entfernt. Im schönen oberen Dorfteil säumen Tavernen, Künstlerateliers und Geschäfte mit Handarbeiten und Naturprodukten die verkehrsberuhigte Straße. Blumenreiche Treppengassen laden zu Fotostopps ein. Diese Anmut brachte auch Filmteams ins Dorf: Hier wurde unter der Regie von Jules Dassin »Der Mann, der sterben musste« gedreht, nach dem Roman »Griechische Passion« von Níkos Kazantzákis.

Sehenswert

Panagía i Kerá

| Kirche |

22 *Byzantinische Kirchenkunst par excellence*

Die dreischiffige Marienkirche birgt gut erhaltene, vom 15. bis zum 17. Jh. entstandene Fresken. Anders als sonst in griechisch-orthodoxen Sakralbauen sieht man in der Kuppel des Mittelschiffs nicht Christus als Weltenherrscher (Pantokrator), sondern vier Szenen aus dem Neuen Testament. Neben den griechisch-orthodoxen Heiligen ist der römisch-katholische Franz von Assisi abgebildet. Imposant mahnt vor dem Verlassen der Kirche die Darstellung der Höllenqualen im Nordschiff.

■ Östlicher Ortsrand, April–Okt. Mi–Mo 8.30–15.30 Uhr, 3 €, erm. 2 €

Rodánthi-Museum

| Museum |

Giórgos Afordakós berichtet in seinem Museum leidenschaftlich über die Pflanzen, Kräuter und Fossilien Kretas.

■ Ioánnou Klóntza 78, 9–18 Uhr, Eintritt frei

In der Umgebung

Lató

| Archäologische Stätte |

Nördlich von Kritsá haben die eingewanderten Dorer im 8. Jh. v. Chr. auf einem Bergsattel eine Stadt gegründet, die bis in das 3. Jh. v. Chr. bewohnt war. Neben der grandiosen Aussicht auf die Mirabéllo-Bucht gibt es Überreste einer Zisterne, eines Marktplatzes (Agorá), eines Theaters und eines Tempels. Auch wurden die Grundmauern vieler Wohnhäuser, der Werkstätten und der Stadtmauer freigelegt.

■ 3,5 km nördlich von Kritsá, Mi–Mo 8.30–15.30 Uhr, 3 €, erm. 2 €

46 Móchlos

23 *Entspannte Atmosphäre in beschaulichem Fischerdorfidyll*

Im kleinen Hafen von Móchlos dümpeln ein paar Fischerboote, am Ufer laden Tavernen zum Verweilen ein, und gegenüber liegt ein kleines Inselchen gleichen Namens. Ein hervorragendes Fleckchen Erde, um das süße Nichtstun zu genießen oder mit einem Boot zum Inselchen zufahren, wo Überreste einer frühminoischen Siedlung und Nekropole gefunden wurden. Zum Baden laden kleine Sand-Kies-Strände westlich des Hafens ein.

Dolce Vita auf Kretisch: Móchlos bietet Ruhe und Entspannung pur

ADAC Mobil

Wer mehr griechische Inseln sehen möchte, kann von Sitía aus mit der Fähre (www.anek.gr) in ca. 3 Std. zur kleinen Dodekanes-Insel Kásos (11 €/Pers.) oder in ca. 5 Std. zu ihrer größeren Nachbarinsel Kárpathos (18 €/Pers.) fahren und weitab vom Massentourismus eine Nacht oder ein paar Tage verbringen.

47 Sitía

Kleinstadt mit schöner Hafenpromenade und zwei interessanten Museen

Information

■ 72300 Sitía, Info-Kiosk Odos Karamanlí, Tel. 28 43 02 83 00, www.visitsitia.gr, nur von Mai–Sept.

In einer weiten, nach Osten hin von einem langen Sandstrand gesäumten Bucht staffeln sich die Häuser von Sitía an einem niedrigen Hügel. Der hier noch relativ bescheidene Tourismus geht mit dem Kleinstadtleben Hand in Hand. In byzantinischer Zeit besaß Sitía einen geschäftigen Hafen. Die Venezianer wollten es gar zu einer großen Küstenfestung ausbauen. Die streng im rechten Winkel zueinander verlaufenden Gassen stammen noch aus dieser Zeit. 1508 machte ein Erdbeben die stolzen Pläne der Venezianer zunichte. Im 17. Jh. taten die Osmanen ein Übriges, sodass Sitía verlassen und erst ab dem Jahr 1870 wieder besiedelt wurde. Heute wird Sitías Promenade im Norden vom großen Fähranleger begrenzt, südlich davon ankern kleinere Jachten und Fischerboote in dem von Tavernen und Cafés gesäumten Hafen. An Sommerabenden, wenn Livemusik gespielt wird und die Einheimischen entlang des Hafenbeckens flanieren, kann man dort Stunden mit Beobachten verbringen und hervorragende mezédes sowie natürlich Raki in den zahlreichen rakádika genießen.

An der Hafenpromenade von Sitía schaukeln die Boote auf den Wellen

Sehenswert

Archäologisches Museum

| Museum |

Das Archäologische Museum von Sitía zeigt Funde aus Ostkreta von der minoischen bis zur römischen Zeit. Highlight ist eine in Roussólakos bei Palékastro gefundene Elfenbeinstatue (15. Jh. v. Chr.). Diese als Kouros von Palékastro bekannte Figur zeigt sichtbare Brandspuren und war bei ihrem Fund in mehrere Teile zerbrochen; Rumpf und Gesicht fehlen. Gleichwohl beeindruckt die äußert filigran skulptierte Figur – sogar Fingernägel und einzelne Muskeln an Armen und Beinen sind gut zu erkennen. Sie trägt mit Blattgold verzierte Sandalen, in den Augen glänzten einst Bergkristalle. Die wertvollen Materialien und die Körperhaltung legen nahe, dass es sich um die Darstellung eines jungen Gottes handelt.

■ Piskokefálou, Tel. 28 43 02 39 17, Mi–Mo 8.30–15.30 Uhr, 3 €, erm. 2 €

Folkloremuseum

| Museum |

Sowohl das Museumsgebäude als auch die Exponate stammen aus dem 19. Jh. Gezeigt werden u. a. eine Dorfküche, ein Schlafzimmer, eine Raki-Destille sowie diverse Handwerker-Utensilien.

■ Kapetán Sífi 26, Tel. 28 43 02 25 41, derzeit geschlossen

Kazárma

| Festung |

Das kleine venezianische Kastell auf einer Anhöhe im Norden über der Bucht verspricht die beste Aussicht über die Stadt. Der schmucklose Innenhof wird im Sommer für Theateraufführungen und Konzerte genutzt.

■ Néas Ionías, Mi–Mo 8.30–15.30 Uhr, 3 €

Exponat im Archäologischen Museum von Sitía

Verkehrsmittel

Busbahnhof Linienbusse fahren täglich nach Ierápetra und über Ágios Nikólaos auch nach Iráklio, im Sommer zudem in die Küstenorte im Osten.

■ Kokéfalou (gegenüber dem Archäologischen Museum), Tel. 28 43 02 22 72, www.ktelherlas.gr

Flughafen Sitía Municipal Airport (JSH)

■ 1 km nördl. der Stadt, Tel. 28 43 02 44 24

Restaurants

€ | Inodíon In diesem ältesten rakádiko der Stadt werden in stimmungsvoller Atmosphäre köstlich schmeckende mezédes zum süffigen Raki aufgetischt.

■ El. Venizelou 157, Tel. 28 43 02 61 66, www.inodion.gr, ab 18 Uhr

ADAC Wussten Sie schon?

Über Vái wird gern erzählt, dass hier phönizische Händler Dattelkerne ausgespuckt hätten, alles Weitere habe dann die Natur bewerkstelligt. Doch die Palmenart **Phoenix theophrasti** gibt es nur auf Kreta, ihre Früchte sind für Menschen ungenießbar. Zudem ist anzunehmen, dass diese Bäume in minoischer Zeit auf der ganzen Insel wuchsen, denn ihre Darstellung ziert so manches Tongefäß.

€ | Ziaféti Authentische kretische Küche in »zweiter Reihe« abseits des Rummels am Hafen. ■ Fountalídou 22, Tel. 28 43 02 69 94, ab 18 Uhr

Kneipen, Bars und Clubs

Black Hole Beliebte Cocktail-Bar mit guten Drinks und einem schönen Blick auf Sitías' Hafenpromenade. ■ E. Karaveláki, Tel. 69 32 59 65 85

The Wall In Sitías' Szenelokal wird zu den Klängen von DJs getanzt oder Liveauftritten gelauscht. Leckere Cocktails. ■ El. Venizélou 183, Tel. 28 43 02 65 52

Events

Kornária Zwischen Juli und Mitte August Konzerte, Tanz- und Theateraufführungen in der Region.

48 Moní Toploú

24 *Einzigartige Kunstschätze hinter wehrhaften Mauern*

Reisebusse steuern täglich das reichste Kloster der Insel an. Gegründet wurde es im 14. Jh.; dicke Mauern, Pechnasen, eiserne Türen und allerlei Fernwaffen sollten die Mönche in den vergangenen Jahrhunderten vor Überfällen schützen. Heute besitzen sie weite Ländereien, produzieren ein hervorragendes Olivenöl und Weine nach Bio-Standard. Das Innere des zweischiffigen Gotteshauses gleicht einem Museum, voll mit liturgischen Geräten, Gewändern und Inkunabeln. Vor allem aber ziehen an den Wänden und in der Altwarwand die kostbaren Ikonen aus dem 15.–18. Jh. die Blicke auf sich. Im Museum können Besucher dann noch weitere kostbare Ikonen sowie Kupferstiche und Holzschnitte bestaunen.

■ April–Okt. tgl. 9–19 Uhr, 4 €

Erlebnisse

Weinkellerei Toploú In der modernen Anlage kann man die Klosterweine verkosten, aber auch andere Erzeugnisse, wie Olivenöl und Raki. ■ Gegenüber dem Kloster, Tel. 28 43 02 96 30, www.ktimatoplou.gr, April–Okt. Mo–Fr 10–17 Uhr

49 Vái

10 *Strand vor Kretas größtem Palmenhain*

Der Palmenstrand von Vái ist berühmt und im Sommer dementsprechend voll. Sehr schön ist Kretas einzigartiges Naturphänomen jedoch in der Nebensaison, frühmorgens oder am späten Nachmittag: ein 200 ha großer Palmenhain mit mehr als 5000 Kretischen Dattelpalmen (Phoenix theophrasti), der sich zwischen Straße und rötlichen Felsen fast bis zum Meer erstreckt. Doch wer sich darauf freut, hier unter Palmen liegen zu können, der wird enttäuscht.

Denn der größte Teil des Hains ist umzäunt, und nur wenige Palmen spenden am landseitigen Ende des hellen Sandstrandes Schatten. Also liegen die meisten Urlauber nah am Meer unter dem Schutz von Sonnenschirmen. Für das leibliche Wohl sorgt eine Taverne, für Spaß eine Wassersport-Station. Ein toller Blick auf den Palmenstrand eröffnet sich Besuchern vom Aussichtspunkt auf der südlichen Felsnase.

Restaurants

€€ | Metóhi Vái Ein Kleinod im ehemaligen Klostergut der Moní Toploú, leckere Fleischgerichte und Gemüse mit intensivem Geschmack. ■ An der Straße zwischen Vái und Palékastro, Tel. 28 43 06 10 71

In der Umgebung

Ítanos Wem Vái zu voll ist, der kann nördlich das weniger frequentierte Ítanos besuchen. Dort sind ebenfalls ein paar Palmen zu sehen, das kristallklare Wasser lädt zum Planschen und Schnorcheln ein.

50 Palékastro

Windsurfen und Mountainbikefahren zwischen Travellern

Information

■ 72300 Palékastro, an der Durchgangsstraße, Tel. 28 43 06 13 05, www.palaikastro.com

Palékastro und seine Strände Chióna und Koureménos sind die meistbesuchten Winkel im äußersten Osten. Das Bauerndorf beherbergt in kleineren Hotels und Pensionen jeden Sommer zahlreiche Individualreisende und Wellenreiter, die vor allem die Strände und die hervorragenden Winde der Gegend zu schätzen wissen.
Am Strand Chióna haben Archäologen Kretas größte minoische Stadt freige-

Am Strand von Vái findet man den größten natürlichen Palmenhain Europas

Im Blickpunkt

Durch das »Tal der Toten«

Die einfache, gut gekennzeichnete Wanderung, die ihren Namen Grabhöhlen in einer Felswand verdankt, beginnt in Zákros. Die landschaftliche Vielfalt zwischen üppig bewachsenem Bachbett und schroffen Felswänden macht sie zu einer der schönsten Schluchtwanderungen der Insel. Ist man am Schluchtgrund angekommen (der Zugang ist ausgeschildert), geht es dem Bach folgend weiter abwärts. Den mit Ginster, Oleander und Platanen bewachsenen Canyon säumen hohe Felswände. Darin sind die Höhlen gut zu erkennen, in denen die Minoer einst ihre Toten bestatteten. Nach gut zwei Stunden ist das fruchtbare Tal von Káto Zákros erreicht. Feste Schuhe, Proviant, Sonnenschutz und Badesachen sind ein Muss!

legt. Sie hatte eine interessante Kanalisation und wurde zwischen dem 3. Jt. v. Chr. und 1200 v. Chr. bewohnt (Mi–Mo 8.30–15.30 Uhr, 3 €, erm. 2 €). In den Tavernen von Chióna sitzt man idyllisch am Meer. Am 2 km langen, von Tamarisken gesäumten Sandstrand von Koureménos geht es dagegen sportlich zu. Hier findet man die beste Surfstation der Insel – auch Radfahrern bietet sich rund um Palékastro ein sportlich ansprechendes Revier.

Restaurants

€ | Finistríni Mit allerhand Meeresdekor geschmücktes mezedopolío, in dem es viele leckere Kleinigkeiten, aber auch Grillgerichte und Hausmannskost gibt. ■ Dimokratías 2, Tel. 28 43 06 11 17

€–€€ | Kakaviá Idyllisch unter Tamarisken kommen hier ein hervorragend gegrillter frischer Fisch und eine köstliche Fischsuppe auf den Tisch (kakaviá). ■ Chióna, Tel. 28 43 06 12 27

Sport

Freak Surf Surfstation in Kretas Surfer-Mekka, Equipment-Verleih und Unterricht für Anfänger (ab 40 €/1 Std.) sowie Fortgeschrittene. ■ Koureménos, Tel. 69 79 25 38 61, www.freak-surf.com

Freak Travel Mehrtägige Mountainbike-Touren, auch kombiniert mit Wandern oder Surfen. ■ Palékastro, Tel. 69 85 81 02 40, www.freak-mountainbike.com

51 Káto Zákros

Mini-Badeort, minoischer Palast und eine Wanderung für Groß und Klein

Für Wanderfans bieten sich rund um die Dörfer Zákros und Káto Zákros interessante Wandertouren in herrlicher Natur an. Die bekannteste Strecke führt durch das 5,5 km lange »Tal der Toten« (siehe »Im Blickpunkt«, links). Am langen Kieselstrand von Káto Zákros werden Zimmer vermietet, idyllische Tavernen laden zum Verweilen ein. Bekannt wurde das kleine Küstenörtchen dank der Entdeckung des viertgrößten minoischen Palasts, dennoch geht es in dem kleinen Weiler bis heute sehr friedvoll zu: Káto Zákros ist ein Paradies für Ruhesuchende. Das oberhalb gelegene kleine Bergdorf ist bekannt für sein gutes Olivenöl und lohnt mit seinen hübsch restaurierten Wassermühlen einen kurzen Bummel.

Sehenswert

Minoischer Palast

| Archäologische Stätte |

Der Palast zählte einst etwa 300 Räume und liegt ganz nah am Meer. Er wurde erstmals im Jahr 1900 v. Chr. und nach einer Zerstörung um 1600 v. Chr. weitgehend nach dem Schema der anderen minoischen Paläste gebaut. 1450 v. Chr. wurde er endgültig zerstört. Auf dem Weg vom Eingang zum Zentralhof entdeckte man eine Bronzegießerei, in einem Wasserbecken fand man rund 3000 Jahre alte Oliven.

■ Káto Zákros, Tel. 28 43 02 6897, Juni–Okt. tgl. 8–20, Nov.–Mai tgl. 8.30–15.30 Uhr, 6 €, erm. 3 €

Restaurants

€ | **Nóstos** Frisches Gemüse, köstlicher Fisch, leckere Meeresfrüchte und guter Hauswein direkt am Strand. ■ Am Strand, Káto Zákros, Tel. 28 43 02 68 90

Einkaufen

Terra Zakros Feinstes Olivenöl, auch Bio, aus Zákros und der Region, lokale Weine und Kräuter. ■ Platía, Zákros, Tel. 28 43 09 32 55, www.sitiaterrazakros.gr

In der Umgebung

Xerókambos In dieser idyllischen Streusiedlung verbringen in der Regel nur wenige Menschen ihren Urlaub. Doch wer sich auf den langen Weg hierher macht, wird mit vielen kleinen Strandbuchten belohnt. Ein natürliches Schlammbad mit Tonmineralien gibt es gratis dazu – in der Mini-Bucht Árgilos gleich unter der im Jahr 1895 errichteten Kapelle Ágios Nikólaos.

52 Chandrás-Hochebene

Fernab des Touristenrummels, im Zentrum des Sultaninenanbaus

Die ursprünglichen Dörfer der sonnenverwöhnten Chandrás-Hochebene werden von Weingärten umschlossen, im August liegen Trauben zum Trocknen aus. Ein Halt lohnt in Zíros mit seinen hübschen Häusern genauso wie im Hauptdorf Chandrás. Von hier kommt man zum verlassenen mittelalterlichen Dorf Voilá mit Hausruinen, einem steinernen Brunnen, dem Kirchlein Ágios Geórgios aus dem 15. Jh. und einem markanten Wohnturm. Zwischen den Dörfern Papagiannádes und Arméni lohnt zudem der Halt beim verlassenen Dorf Etiá aus byzantinisch-venezianischer Zeit. In Etiá hatte einst die venezianische Adelsfamilie Dei Mezzo

Unterwegs im »Tal der Toten«: So düster der Name, so schön die Wanderung

ihren Sitz, gut erkennbar an dem dreistöckigen, sorgfältig restaurierten Landhaus aus dem 15. Jh. (Juni–Okt. Mi–Mo 8.30–15.30 Uhr).

53 Makrigialós

Ein entspannter Standort an einem langen Sandstrand

Makrigialós (Makrys Gialós) ist ein guter Ausgangspunkt für die Erkundung von Kretas Südosten. Der lange, flach abfallende Sandstrand mit ein paar Tamarisken macht es bei Familien mit kleinen Kindern beliebt. Sie wohnen meist in kleinen Hotels und Pensionen. Die Promenade mit gemütlichen Tavernen und Cafés lädt zum Flanieren und Verweilen ein. Umzäunte und überwucherte Reste einer spätminoischen und einer römischen Villa über dem Hafen bezeugen, dass Makrigialós schon vor Jahrtausenden bewohnt wurde.

Verkehrsmittel

Piratenschiff Evdokía Tagesausflug nach Koufoníssi (siehe »In der Umgebung«). ■ Am Hafen, Tel. 28 43 05 18 25, www.cretandailycruises.com, Juni–Sept. tgl. 11–17.15 Uhr, 27 €, erm. 13 €

Restaurants

€ | Kalliotzína Köstliche griechische Hausmannskost, direkt am Meer, serviert unter Tamarisken. ■ Koútsouras (2 km westlich von Makrigialós), Tel. 28 43 05 12 07, www.tavernakalliotzina.gr

€ | Spiliá Tou Drákou Gute kretische Küche, herrlicher Blick auf die Küste. ■ Zwischen Makrigialós und Moní Kapsá (ausgeschildert), Tel. 28 43 05 14 94, www.spiliatoudra kou.com

Kneipen, Bars und Clubs

Cavo Bianco Die über mehrere Stufen erreichbare Beach Bar mit guten Cocktails und einigen Partys am flach abfallenden Sandstrand, der mit den ihn umrahmenden Felsen auch gut zum Schnorcheln geeignet ist, ist mit ihren fairen Preisen ideal für einen schicken Strandtag in der Region. ■ Ammoúdi Beach, 5 km östl. von Makrigialós, www.facebook.com/Cavo.Bianco.Beach.Club.Makri.Gialos, tgl. ab 8 Uhr

In der Umgebung

Koufoníssi Im Sommer fährt ein Piratenschiff zum südöstlich gelegenen Inselchen Koufoníssi. Das heute unbewohnte Eiland war in der Antike für seine Purpurschneckenzucht bekannt. Zeugen dieser Zeit sind die Ruinen von Häusern und eines Theaters am Anleger. Urlauber schätzen Koufoníssi wegen des feinen Sandstrands.

Moní Kapsá Das markant an der Felswand klebende Kloster wurde im 15. Jh. gegründet und im 19. Jh. von dem Wunderheiler Jerontojánnis (1799–1874) restauriert. Im Hof plätschert ein Brunnen, Bänke laden zur Rast. Über schmale Felsstufen kann man zur Eremitenhöhle über dem Kloster steigen. ■ 10 km östlich von Makrigialós, tgl. 7–12.30 und 15.30–20 Uhr

54 Ierápetra

Gemütliches Provinzstadtflair an Kretas Südküste

Ierápetra liegt in einer weiten Küstenebene am Libyschen Meer. Die Einwohner der südlichsten Stadt Europas leben vom Anbau von Obst und Gemüse, das in Hunderten von Gewächshäusern gedeiht. Entlang des Stadtstrandes und der sich über mehrere Kilometer gen Osten hinziehenden Kiesbuchten liegen viele Ferienhotels. In minoischer Zeit beherrschte der Hafen Hierapytna die Region. Er blieb trotz wirtschaftlicher Rückschläge nach der römischen Eroberung (67 v. Chr.) ein bedeutender Handelsknotenpunkt, bis Araber ihn im 9. Jh. zerstörten. Neuerlichen Aufschwung und den heutigen Namen verdankt Ierápetra den Aufbauarbeiten der Venezianer im 13. Jh., doch es gibt nur wenige Relikte aus alter Zeit in der von modernen Bauten und ländlichem Flair geprägten Stadt, die nur 200 Seemeilen (ca. 370 km) von der nordafrikanischen Küste entfernt liegt.

Sehenswert

Archäologische Sammlung

| Museum |

Die kleine Sammlung in einer einstigen, jüngst renovierten Koranschule zeigt Funde aus minoischer Zeit bis in die Klassik. Highlight ist die Marmorstatue der Göttin Persephone (2. Jh.). Sie hält ein Ährenbündel und trägt auf dem Kopf einen von zwei Schlangen umgebenen Altar. Letzterer präsentiert ihre Verbindung zur Unterwelt.

■ Dimokratías 2, Tel. 28 42 02 87 21, Mi–Mo 8.30–15.30 Uhr, 4 €, erm. 2 €

Kalés

| Festung |

Die Festung am Hafen wurde nach der türkischen Eroberung im Jahr 1647 weiter genutzt und mehrfach umgebaut. Von den Türmen genießt man einen tollen Ausblick.

■ Stratigoú Samouíl, zurzeit wegen Restaurierungsarbeiten geschlossen

Napoleon-Haus

| Denkmal |

Das kürzlich restaurierte Haus, in dem man bislang noch nichts sehen kann, soll Napoleon Bonaparte (1769–1821) während seines Beutezugs nach Ägypten als Herberge gedient haben.

■ Seitengasse der Stratigoú Samouíl (ausgeschildert)

Verkehrsmittel

Busbahnhof der Überlandbusse (KTEL) Verbindungen mit den Nordküstenstädten Sitía, Ágios Nikólaos, Iráklio. ■ 72200 Ierápetra, Lasthénous 28, Tel. 28 42 02 82 37, www.ktelherlas.gr

Ausflugsboote zur Insel Chrissí.

Restaurants

€ | **Klió** Leckere Hausmannskost und frischer Fisch direkt am Strand. Gemüse aus eigenem Anbau. ■ Küstenstraße östlicher Ortsrand, Tel. 28 42 02 84 20

€ | **Schédia** Familiär, idyllisch, gut. Terrasse am Wasser mit grandiosem Sunset-Blick. ■ Östlicher Ortsrand, neben Hotel Petra Mare, Tel. 28 42 49 92 57

Einkaufen

Irmelia Angeboten wird hier moderner handgemachter Schmuck griechischer Designer. ■ Platía Eleftherías 8, Tel. 69 72 21 06 53, www.irmelia.com

Events

Kyrvia Kunst- und Kunsthandwerksausstellungen, Film- und Theatervorführungen, Folklore-Abende etc. im Juli und August. Das genaue Programm gibt's jeweils aktuell über Aushänge in der Stadt.

Erlebnisse

Nautilos Yacht Rentals Mit der schicken Motorjacht Nautilus geht es als Tagesausflug nach Chrissí oder Koufoníssi. Je nach Wunsch im Rahmen einer semi-privaten oder privaten Tour. ■ Tel. 6972894279, www.nautiloscruises.gr.

In der Umgebung

Chrissí Ein langer sandiger Traumstrand mit Blick auf die kretischen Berge, unberührte Badestellen und kristallklares Wasser machten aus Chrissí in den letzten Jahren das beliebteste Ausflugsziel der Südostküste. Täglich fuhren Hunderte Besucher zum unter Naturschutz stehenden Eiland mit dem feinsandigen Golden Beach. Anfang 2022 verhängte die Regionalverwaltung jedoch – zunächst für den Sommer 2022 – ein Anlandeverbot für Ausflugsboote und ein Betretungsverbot für das Inselinnere, vor allem, um den echten Stechwacholder mit seinem Wurzelgeflecht zu schützen. Boote dürfen seitdem nur noch an die Insel heranfahren, Besucher nur vom Boot aus dorthin schwimmen. Bis wann das so bleibt, ist derzeit ungewiss. ■ Cretan Daily Cruises, Michaíl Kothrí 56, Tel. 28 42 02 00 08, www.cretandailycruises.com, Mitte Mai–Okt.

55 Mírtos

Charmantes Urlaubsörtchen, beliebt bei Travellern jeden Alters

Obwohl das einstige Hippiedörfchen Mírtos inzwischen touristisch gut entwickelt ist, hat es sich viel Charme bewahrt. Mírtos beherbergt in kleinen Hotels und Pensionen jeden Sommer viele europäische Individualreisende und zeigt sich mit prächtigen Bougainvilleen, Geranien, Maulbeerbäumen und vielen andere Pflanzen idyllisch und farbenreich.
Mittelpunkt des entspannten Treibens sind der rund einen Kilometer lange Kies-Sand-Strand, an dem hin und wieder starke Winde toben, und die sich darüber erstreckende, autofreie, von Cafés und Tavernen gesäumte Strandpromenade. Die Umgebung lädt Entdecker zu Wanderungen ein.

Sehenswert

Museum Mírtos
| Museum |
In diesem kleinen Dorfmuseum sind landwirtschaftliches Gerät und Funde von den nahen, nur schwierig über dornige Pfade erreichbaren minoischen Stätten Pyrgos und Fournoú-Korifí zu sehen.
■ An der alten Kirche, Tel. 2842051065, Mo, Fr 10–15, Mi 17–20 Uhr

Restaurants

€ | Ca' Nova Selbst gemachte Pasta und Pizza aus dem Holzofen zum Sattwerden. Gutes Preis-Leistungs-Verhältnis in gemütlicher Atmosphäre. ■ An der Promenade, Tel. 2842051321

Sport

Mirtos Hiking Village Bei einer geführten Wanderung oder beim Wanderurlaub mit der Österreicherin Angela Sturmayer erfährt man viel über Flora, Fauna und die kretische Kultur. ■ Mírtos, Tel. 69 74 12 73 05, www.mirtoshikingvillage.com

Übernachten

Kleine, gepflegte Hotels mit vielen charmanten Gastgebern gibt es in Lassíthi fast überall. Am ursprünglichsten wohnt man mitten im Dorf auf der flachen, fruchtbaren, von hoch aufragenden Bergen umgebenen Lassíthi-Hochebene. Wer es dagegen lieber gemütlich am Strand mag, der ist in Ferienorten wie Móchlos, bei Palékastro, Makrigialós oder Mírtos genau richtig. In Ágios Nikólaos, Ierápetra und Sitía lassen einen bereits die freundlich geführten Hotels meist auch ins kretische Leben eintauchen. Eloundá dagegen verspricht in erster Linie Luxus pur.

Ágios Nikólaos 100

€€ | **Mantráki** Sehr gastfreundlich und angenehm persönlich geführtes Apartmenthotel – auch für den Aufenthalt mit der ganzen Familie geeignet – mit schlichten Zimmern nahe der schmucken Marina von Ágios Nikólaos. ■ Kapetán Távla 1, Tel. 28 41 02 88 80, www.mantraki.gr

€€ | **Palazzo** Hotel mit hübsch ausgestatteten Apartments, teils mit Meerblick, oberhalb des Stadtstrands Kitroplatía. ■ Aktí Pagkálou/Ecke Tselépi 18, Tel. 28 41 02 50 80, www.palazzo-apartments.gr

€€€ | **Daios Cove Luxury Resort** Luxus und Erholung pur in einer schönen Bucht, etwa 7 km südlich von Ágios Nikólaos ■ Vathí, Tel. 28 41 88 80 61, www.daioscovecrete.com

Eloúnda 104

€€€ | **Domes of Elounda** Villen und Suiten in der luxuriösen, mit allen Annehmlichkeiten ausgestatteten 5-Sterne-Anlage sind so modern wie gemütlich. Im Gourmet-Restaurant kocht der Sternekoch. ■ Zwischen Eloúnda und Pláka, Tel. 28 41 04 35 00, www.domesofelounda.com

ADAC Das besondere Hotel

Elf am Hang oberhalb eines Flussbetts übereinandergestaffelte Steinhäuschen, die einst den Ziegenhirten von Péfki als Sommerquartier in den Bergen dienten. Heute sind die einfachen Unterkünfte renoviert, besitzen Bäder und Strom für den Kühlschrank, doch für Beleuchtung sorgen weiterhin Kerzen und Öllampen. In den **Traditional Houses Áspros Potamós** vergisst man für ein paar Tage den Alltagsstress ...

€ | Áspros Potamós, 1 km landeinwärts von Makrigialós, Tel. 28 43 05 16 94, www.asprospotamos.com

€€€ | Elounda Solfez Villas Grandiose Ausblicke für anspruchsvolle Selbstversorger mit Mietwagen in hübschen Villen mit privatem Pool am hoch gelegenen Hang. ■ Ellinikà (südlich von Eloúnda), Tel. 2109939403, www.eloundasolfezvillas.com

Lassíthi-Hochebene 107

€–€€ | Vasilikáta Liebevoll restaurierte alte Häuser in urigen Dorfgassen, teils mit Kamin – eines mit Jacuzzi. ■ Ágios Konstantínos, Tel. 6977248456, www.vasilikata.gr

Móchlos 109

€ | Blue Sea Klein, familiär und schnuckelig auf einer Klippe am Meer mit Salzwasser-Pool. ■ Südöstlich des Ortskerns, Tel. 6974888466, blueseahotel.traveleto.com

Sitía 110

€–€€ Porto Kaza Modern ausgestattete und sehr gepflegte Apartments in verschiedenen Größen mit Blick auf die Stadt und das tintenblaue Meer. ■ Varla 4, Tel. 2843025598, www.portokaza.gr

€€–€€€ | Sitia Beach Resort & Spa Komfortable Zimmer und Suiten, Restaurants, Bars und noch vieles andere mehr im 5-Sterne-Hotel am Strand. ■ Karamanlí, Tel. 2843028821, www.sitiabeach.com

Palékastro 113

€€ | Surf Beach Apartments Recht neue, ruhig gelegene und komfortable Apartments (40 m²) mit Platz für bis zu 4 Personen, besonders gastfreundlich geführt, gleich am Strand und den Surfstationen. ■ Koureménos, Tel. 6974560334, www.surfbeachapts.gr

€€ | Villa Olive Coast Suites Fünf geschmackvoll im traditionellen kretischen Stil eingerichtete Apartments mit Blick über einen Olivenhain zum Meer. ■ Agathiás, Tel. 2843028953, www.olivecoast.net

Káto Zákros 114

€–€€ | Stella's Traditional Apartments, Studios, 500 m vom Strand, mit Grillplatz und Hängematten im Garten. ■ Tel. 2843023739, www.stelapts.com

Makrigialós 116

€€ | Yialos Schlichte, aber gepflegte Studios und Apartments direkt am Strand. ■ Análipsi, Tel. 6976000463, www.yialos-studios.gr

Ierápetra 116

€ | Coral Boutique Hotel Modernes 3-Sterne-Hotel, nur einen Steinwurf vom Strand entfernt und mitten im Geschehen. ■ Platía Eleftherías 19, Tel. 2842020444, www.coralhotelcrete.gr

25 **€ | Cretan Villa** Neun angenehm geräumige, komfortable Zimmer in einem restaurierten Stadthaus aus dem 18. Jh. ■ Lakérda 16, Tel. 28 42 02 85 22, www.cretan-villa.com

Mírtos 118

€–€€ | Big Blue Geschmackvoll eingerichtete Studios und Apartments, die halten, was der Name verspricht: einen herrlichen Blick auf das tiefblaue Meer. ■ Am westlichen Ortsrand, Tel. 2842051094, www.big-blue.gr

ADAC Service Kreta

Beim **ADAC Infoservice**, in den **ADAC Geschäftsstellen** sowie auf dem **Internetportal des ADAC** (adac.de) erhalten Sie Informationen zu den Dienstleistungen des Automobilclubs und zu Ihrem Reiseziel. So können Sie sich von der **ADAC Trips App** (adac.de/services/apps/trips) via Smartphone oder Tablet-PC inspirieren lassen oder als **ADAC Mitglied** das kostenlose **ADAC Tourset® Kreta** (adac.de/reise-freizeit/reiseplanung/tourset) mit vielen Reiseinfos und Karten anfordern. Bei Pannen und Notfällen steht Ihnen unser Team rund um die Uhr telefonisch und digital (adac.de/hilfe und ADAC Pannenhilfe App) zur Verfügung.

ADAC Infoservice

T 0800 5101112
Infos zu allen ADAC Leistungen
(Mo–Sa 8–20 Uhr, gebührenfrei)

ADAC Ambulanzdienst

T +49 89 76 76 76
(Erkrankung, Unfall, Verletzung, Transportfragen, Todesfall)

ADAC Pannenhilfe Deutschland

T 089 20 20 40 00, Mobil 22 22 22
(Verbindungskosten je nach Netzbetreiber/Provider)

ADAC Pannenhilfe Ausland

T +49 89 22 22 22
(Verbindungskosten je nach Netzbetreiber/Provider)

Online-Angebote des ADAC für Ihre Reiseplanung

Service	Webadresse
Reiseinspirationen, -planung und -hinweise	adac.de/reise-freizeit/reiseplanung
Aktuelle Verkehrslage	adac.de/verkehr
Individuelle Routenplanung	adac.de/maps
Infos zu Tankstellen und Spritpreisen	adac.de/tanken
Infos zu mautpflichtigen Strecken	adac.de/reise-freizeit/maut-vignette
Infos zu Fährverbindungen	adac.de/faehren
Aktuelle Infos vor Reiseantritt	adac.de/tourmail
Informationen für Camper	adac.de/camping
Informationen für Motorrad- und Oldtimerfahrer	adac.de/reise-freizeit/reisen-motorrad-oldtimer
Informationen für Segler und Skipper	skipper.adac.de
ADAC Reiseangebote	adacreisen.de
ADAC Autovermietung	adac.de/autovermietung
ADAC Versicherungen für den Urlaub	adac.de/versicherungen
Weltweite Preisvorteile für ADAC Mitglieder	adac.de/vorteile-international
Telemedizinische Beratung	adac.de/meinmedical

Diese **Produkte des ADAC** könnten Sie interessieren: **ADAC Das große Kreuzfahrtbuch, ADAC Reiseführer Rhodos** und **ADAC Reiseführer Zypern** – erhältlich im Buchhandel, bei den ADAC Geschäftsstellen und in unserem ADAC Online-Shop (adac.de/shop).

Anreise und Einreise

Auto und Autofähre

Autoreisende sollten sich beim ADAC über evtl. Mautgebühren in den Transitländern erkundigen. Am besten fährt man über Italien und setzt mit der Autofähre von **Venedig**, **Ancona** oder **Bari** nach **Pátras** auf den **Peloponnes** über (einzelne Fahrt pro Person ab etwa 80 €, Auto etwa 100 €). Von dort geht es mit dem Auto weiter nach **Piräus**, wo regelmäßig Autofähren nach **Iráklio** und **Chaniá** auf Kreta fahren (einzelne Fahrt pro Person ab 40 €, Auto ab 70 €). Die Fahrt von Italien nach Griechenland ist lang, z. B. Bari–Pátras 17,5 Stunden. Die innergriechische Fahrt dauert ca. 7 Stunden. Fährgesellschaften für alle Strecken sind:

Anek-Superfast, über ADAC Fähren (adacfaehren.de, Tel. +49 67 19 20 69 30) und www.anek.gr

Minoan Lines, über ADAC Fähren (s. o.) und www.minoan.gr

Flugzeug

Der Flughafen von Iráklio wird von allen großen europäischen Flughäfen aus angeflogen, im Winter mit Linienflügen von **Aegean Airlines** (www.aegeanair.com) über Athen oder Thessaloniki, im Sommer (April–Oktober) auch mit verschiedenen **Charterflügen.** Europäische Charter- und innergriechische Flüge gehen von mehreren Flughäfen auch nach Chaniá. Die Flugdauer beträgt von Deutschland aus rund drei Stunden. Der Flughafen von Sitía kann im Sommer mehrmals wöchentlich mit Linienflügen von Olympic Air und Sky Express über Athen angeflogen werden. Charterflüge aus dem deutschsprachigen Raum nach Sitía sind selten und bislang nicht jedes Jahr im Programm.

Linienbusse verbinden mehrmals täglich die Flughäfen von Iráklio (1,20 € einfache Fahrt) und Chaniá (2,30 € einfache Fahrt) mit der jeweiligen Innenstadt. Die einfache Fahrt mit dem Taxi vom/zum jeweiligen Zentrum vom/zum Flughafen kostet in Iráklio ca. 15, in Chaniá ca. 25 €. Zum Flughafen Sitía fahren aus dem Zentrum nur Taxis für ca. 10 €.

Flughafen Iráklio/Heraklion

■ International Airport Nikos Kazantzákis (HER), rund 5 km östlich vom Zentrum entfernt, Iráklio, Tel. 28 10 22 03 90, www.heraklion-airport.info

Flughafen Chaniá

■ Daskalojannis (CHQ), 16 km östlich von Chaniá auf der Halbinsel Akrotíri, Tel. 28 21 08 38 16, www.chq-airport.gr

Flughafen Sitía

■ Sitía Municipal Airport (JSH), 1 km nördlich der Stadt, Sitía, Tel. 28 43 02 22 80

Einreise und Dokumente

Kreta ist Teil des Schengenraums. Deutsche, Österreicher und Schweizer benötigen somit für die Einreise nur einen gültigen **Personalausweis** oder den **Reisepass.** Alleinreisende Minderjährige brauchen eine amtlich beglaubigte Einverständniserklärung der Eltern, alle Kinder einen Kinderausweis, den Kinderreisepass, Personalausweis oder Reisepass. Die Ausweisdokumente werden an griechischen Flughäfen bei der Ausreise kontrolliert.

Auto und Straßenverkehr

Führerschein und Papiere

Autofahrer brauchen ihren nationalen **Führerschein.** Wer mit dem eigenen

Auto unterwegs ist, muss zudem den **KFZ-Schein** mitführen. Die Mitnahme der **Internationalen Grünen Versicherungskarte** wird empfohlen.

Verkehrsvorschriften

Höchstgeschwindigkeiten: Pkw und Wohnmobile bis 3,5 t innerorts 50 km/h, Motorräder 40 km/h. Außerorts je nach Ausschilderung 90–110 km/h, Motorräder max. 70 km/h. Besondere Aufmerksamkeit ist auf der Hauptverkehrsstraße New National Road geboten, die sich im Norden von Westen nach Osten zieht, sobald zwei Schilder auf feste Radargeräte hinweisen. Da die Höchstgeschwindigkeit dort vorher häufig stark herabgesetzt wird, bremsen viele Verkehrsteilnehmer abrupt ab.

Promillegrenze: 0,5. Motorradfahrer sowie Personen, die den Führerschein noch keine zwei Jahre besitzen: 0,2 Promille.

Die **Bußgelder** für Missachtung der Straßenverkehrsordnung sind hoch: z. B. Fahren ohne Sicherheitsgurt/Helm 350 € Missachtung roter Ampeln 700 €, Telefonieren ohne kabelloses Headset während der Fahrt 100 €

Im **Kreisverkehr** haben grundsätzlich die einfahrenden Fahrzeuge Vorfahrt, sofern nicht durch Schilder anders geregelt. Im Auto herrscht **Rauchverbot,** sofern Kinder unter zwölf Jahren an Bord sind. **Abblendlicht** darf tagsüber am Pkw nicht eingeschaltet sein. Ausnahmen gelten bei schlechten Sichtverhältnissen und für Wagen mit automatischem Tagfahrlicht. In der Regel wird auf den Schnellstraßen auch der Standstreifen ganz rechts benutzt, damit schnellere Fahrer überholen können.

Straßennetz und Sicherheit

Das Straßennetz auf Kreta ist relativ dicht und gut ausgebaut. Vorsicht ist bei Schlaglöchern und unzureichend abgesicherten Baustellen geboten. In den Bergen, in denen die Straßen oft kurvig und eng sind, sorgen manchmal Schaf- oder Ziegenherden kurz für Stau.

Verkehrsschilder

Die Verkehrschilder in Griechenland entsprechen bis auf wenige Ausnahmen denen in Deutschland. Das weiß-gelbe Vorfahrtschild ist kaum anzutreffen. Ein Stopp-Schild weist den anderen Verkehrsteilnehmer an einer Kreuzung lediglich darauf hin, dass Sie Vorfahrt haben. Stopp-Schilder ersetzen fast immer auch unser dreieckiges Schild für »Vorfahrt gewähren«.

Tanken

Tankstellen gibt es besonders in Ballungs- und Touristenzentren genügend. Außer an der New National Road sind sie meist von 8–22 Uhr geöffnet. Der Tankwart übernimmt das Tanken.

Barrierefreies Reisen

Obwohl viele Großhotels inzwischen barrierefreie Zimmer im Angebot haben, ist Kreta ein schwieriges Ziel für Reisende mit Handicap. Archäologische Stätten und Museen sind mit dem Rollstuhl oft nicht zugänglich. In Knossós kommt man zumindest bis zum Zentralhof. Häufig fehlende oder enge Bürgersteige machen die Fortbewegung in Orten schwierig. Eine Begleitperson ist unbedingt zu empfehlen.

Diplomatische Vertretungen

Die diplomatischen Vertretungen helfen in rechtlichen Angelegenheiten oder z. B. bei einem Verlust der Reisedokumente.

Deutsches Honorarkonsulat Iráklio
■ Dikeossinis 7, 71202 Iráklio,
Tel. 28 10 22 62 88, iraklion@hk-diplo.de

Deutsches Honorarkonsulat Chaniá
■ Digeni Akrita 1, 73100 Chaniá,
Tel. 28 21 06 88 76, chania@hk-diplo.de

Deutsche Botschaft Athen
■ Karaoli & Dimitriou 3, 10675 Athen,
Tel. 21 07 28 51 11, Bereitschaftsdienst in Notfällen Tel. 69 32 33 81 53, www.griechenland.diplo.de

Österreichische Botschaft Athen
■ Vasilissis Sofias 4, 10674 Athen, Tel. 21 07 25 72 70, www.bmeia.gv.at/oeb-athen

Österreichisches Honorarkonsulat Iráklio
■ Giannitsón 2, 71201 Iráklio, Tel. 28 17 00 12 11, HK.Heraklion@gmail.com

Schweizerische Botschaft in Athen
■ Odos Iassiou 2, 11521 Athen,
Tel. 21 07 23 03 64, www.eda.admin.ch

Feiertage

Rosenmontag, Ostern und Pfingsten werden in Griechenland nach dem Julianischen Kalender gefeiert. So kann das Osterfest, das im griechisch-orthodoxen Kirchenjahr den gleichen hohen Stellenwert hat wie bei uns Weihnachten, bis zu fünf Wochen später stattfinden als das Osterfest in Mitteleuropa.

Neujahr (1. Jan.), Taufe Christi, Epiphanias (6. Jan.), Rosenmontag (27. Februar 2023, 18. März 2024, 3. März 2025), Nationalfeiertag (25. März), Mariä Verkündigung, Karfreitag (14. April 2023, 3. Mai 2024, 18. April 2025), Ostern (16./17. April 2023, 5./6. Mai 2024, 20./21. April 2025), Tag der Arbeit (1. Mai, beweglicher Feiertag), Pfingsten (4./5. Juni 2023, 23./24. Juni 2024, 8./9. Juni 2025), Mariä Entschlafung (15. Aug.), Nationalfeiertag (28. Okt.), Weihnachten (25./26. Dez.).

Geld und Währung

Griechenland ist Mitglied der Europäischen Währungsunion, Währung ist der **Euro.** Die Centmünzen werden leptá genannt. Die gängigen **Kreditkarten** und Maestro-Karten werden generell akzeptiert, nur auf dem Land sind sie bisweilen unüblich. In allen größeren Ortschaften gibt es Geldautomaten.
Allgemeine Sperrnummer bei **Kartenverlust:** Tel. +49 11 61 16.

Kosten im Urlaub

(durchschnittliches Preisniveau)

Tasse Kaffee	2,50–5 €
Softdrinks	2–5 €
Glas Bier	ab 2,50 €
Karaffe Hauswein (0,5 l)	5–8 €
Gyros Pita (Imbiss)	ca. 4 €
1 Liter Benzin	ab 2 €
Mietwagen/Tag	ab 30 €

Gesundheit

Apotheken (farmakío) mit dem grünen Kreuz sind gut ausgestattet, Standardmedikamente wie Aspirin und andere Schmerzmittel, Salben und Antibiotika oft günstiger als bei uns. Es werden aber nicht alle deutschen Medikamente geführt. Aushänge im Fenster informieren über Notdienste.
Die in die gesetzliche Versicherungskarte integrierte **Europäische Kranken-**

Festivals und Events

Januar

Theofánia (6. Januar, in Städten und größeren Küstenorten). Zur Feier der Taufe Jesu und der Offenbarung der Dreifaltigkeit finden festliche Prozessionen ans Meer statt. Dann wird ein Kreuz in die Fluten geworfen, und junge Männer tauchen danach.

Februar/März

Karneval (Karnevalssonntag, Réthimno, www.rethymnocarnival.gr). In der Woche vor Rosenmontag gibt es Maskenbälle, am Karnevalssonntag Kretas größten Umzug in der Altstadt.

Kathará Deftéra (Rosenmontag, inselweit). Am Rosenmontag lassen die Kreter traditionell am Strand Drachen steigen und treffen sich zum Picknick.

Karsamstagsfeierlichkeiten in Iráklio

März

Unabhängigkeitstag (25. März, inselweit). Mit Paraden u. a. mit Militär und Schulklassen wird der Beginn der griechischen Revolution gegen die Osmanen gefeiert.

März/April

Páscha (wechselnde Termine, inselweit). Prozession am Karfreitag (Megáli Paraskeví) und große Mitternachtsmesse, meist mit Feuerwerk in der Nacht von Karsamstag auf Ostersonntag.

April

Fest des Ágios Geórgios (23. April oder am Di nach Ostern, wenn der Feiertag in die Fastenzeit fällt, in Así Goniá). Tausende Schafe werden bei diesem Fest durch das Dorf getrieben, auf dem Kirchplatz wird gesegnet und gemolken. Die Milch verteilt man an die Besucher.

Mai

Protomajia (1. Mai, inselweit). Am Tag der Arbeit treffen sich die Kreter zum Picknick im Grünen.

Juni

Matala Beach Festival (wechselnde Termine, Mátala, www.matalabeachfestival.org). Ein dreitägiges Sommerfestival in Erinnerung an alte Hippiezeiten mit diversen Konzertveranstaltungen, Yoga, Zumba und vielem anderem mehr am Strand.

August

Mariä Entschlafung (15. August, inselweit) – Volksfeste, die meistens bereits schon ab dem Vorabend gefeiert werden, in zahlreichen Dörfern und Klöstern.

Oktober

Óchi-Tag (28. Oktober, inselweit). Der Nationalfeiertag wird anlässlich der Weigerung Griechenlands, 1940 vor den italienischen Truppen zu kapitulieren, mit Paraden gefeiert.

versicherungskarte wird anerkannt. Sie garantiert eine medizinische Grundversorgung. In den staatlichen **Krankenhäusern,** in **Gesundheitszentren** (ESY, National Health Center) und **Erste-Hilfe-Stationen** kann man sich damit zumindest theoretisch kostenlos behandeln lassen. In Notfällen klappt das meist problemlos. Für andere Behandlungen müssen Patienten oft bar zahlen. In privaten Krankenhäusern oder bei privaten **Ärzten** zahlt man stets aus der eigenen Tasche.
Eine **Auslandskranken- und Rückholversicherung** ist zu empfehlen.

Haustiere

Ein vom Tierarzt ausgestellter **EU-Heimtierausweis** mit Nachweis einer Tollwutimpfung sowie ein Mikrochip sind vorgeschrieben.

Information

Die offiziellen **Auslandsvertretungen** der **Griechischen Zentrale für Fremdenverkehr** (EOT, www.visitgreece.gr) geben Ihnen weitere Informationen für die Reisevorbereitung.

Deutschland

■ Holzgraben 31,
D-60313 Frankfurt/Main,
Tel. +49 69 257 82 70,
www.visitgreece.com.de

Österreich

■ Opernring 8, A-1010 Wien,
Tel. 01/5 12 53 17,
info@visitgreece.at

Schweiz

Die genannten Büros der Auslandsvertretungen der Griechischen Zentrale für Fremdenverkehr in Deutschland und Österreich sind jeweils auch für die Schweiz zuständig.
Vor Ort gibt es in Städten und größeren Orten meist eine **Tourist-Information**. Die Kontaktdaten der wichtigsten Büros finden Sie in den Ortsbeschreibungen in diesem Reiseführer.
Offizielle Tourismus-Webseite Kretas: www.incrediblecrete.gr

Klima und beste Reisezeit

Klimatabelle Kreta

Monat	Luft (°C) (min./max.)	Sonne (h/Tag)	Regentage	Wassertemp. (°C)
Jan.	9/16	3	12	16
Feb.	9/16	5	7	15
März	10/17	6	8	16
April	12/20	8	4	16
Mai	15/23	10	2	19
Juni	19/27	12	1	22
Juli	22/29	13	0	24
Aug.	22/29	12	0	25
Sept.	19/27	10	3	24
Okt.	17/24	7	6	23
Nov.	14/21	6	6	20
Dez.	11/18	8	10	17

Mitte März beginnt auf Kreta die Urlaubssaison. Nach zum Teil heftigen Regenfällen von November bis Anfang März blühen nun die Wildblumen, die Berghänge sind sattgrün, Wanderer und Mountainbiker genießen die üppig sprießende Natur. Einige Schluchten, darunter auch die berühmte Samariá-Schlucht, stehen zu dieser Zeit allerdings noch unter Wasser, sind also unpassierbar und deshalb auch für die Wanderer noch geschlossen.

Im **April** beginnen in den meisten archäologischen Stätten die längeren **Sommer-Öffnungszeiten.** Dann, wie auch im **Oktober**, sind die Temperaturen von 20–24 °C ideal für ein ausgedehntes Kulturprogramm auf den Grabungsfeldern und in den Städten. Das Meer ist dann aber noch recht kühl.

Die Monate **Juni bis September** stehen mit heißen Luft- (bis zu 35 °C im Schatten) und warmen Meerwassertemperaturen ganz im Zeichen der **Badesaison.** An der Küste weht meist ein erfrischender **Wind,** sodass dort selbst hitzeempfindliche Menschen das Klima in der Regel noch als angenehm empfinden. Das Meer ist meist bis Ende Oktober warm genug zum Baden.

Nachtleben

In den **Städten** kann man im Sommer viele Konzerte, Theater und Tanzaufführungen unter freiem Himmel besuchen. Empfehlenswert sind Großveranstaltungen wie das Renaissance-Festival in Réthimno, das Lato-Festival in Ágios Nikólaos oder das Sommer-Kulturfestival in Iráklio (Infos bei der jeweiligen Ortsbeschreibung). In den international geprägten **Badeorten** entlang der Küste herrscht an nächtlicher Unterhaltung in Bars und Diskotheken kein Mangel.

Junge Griechen zieht es eher in die Nachtclubs der Städte, in denen meist internationale Hits und griechischer Pop gespielt werden. Besonders beliebt sind bei den Griechen auch Partys in schicken Beach-Clubs, vor allem in Agía Marína westlich von Chaniá.

Wer es etwas ruhiger mag, beginnt den Abend mit einem **Tavernenbesuch,** reiht sich dann ein in die **vólta,** den abendlichen Spaziergang entlang der Uferpromenade, isst hier ein Eis, trinkt dort ein Gläschen Wein und lauscht der Musik, die aus den Bars auf die Straße dringt. Oft sind es die typisch kretischen Klänge von Lyra und Laute, welche die Einheimischen zum Tanzen animieren. Dabei hört man auch mantinádes – improvisierte Reimpaarverse –, die Kreta, die Sorgen der Kreter und natürlich die Liebe thematisieren.

Notfall

In Notfällen kann man über die EU-weite **Notrufnummer 112** – auch über das Mobiltelefon – Polizei, Unfallrettung und Feuerwehr kontaktieren. Die **Polizei** kann man in Griechenland auch über die Notrufnummer **100,** den **Krankenwagen** über **166,** die Feuerwehr über die Nummer **199** erreichen.

Öffnungszeiten

Die Öffnungszeiten der Museen und archäologischen Stätten sind ständigen Veränderungen unterworfen. Vor allem in der Nebensaison kann es passieren, dass man entgegen der Angaben am Eingang vor verschlossenen Türen steht. Orientierung bieten zumindest die **Kernöffnungszeiten** (Mi–Mo 8.30–15.30 Uhr) der kleineren staatlichen Museen und Ausgrabungsstätten. Aufgrund der Personaleinsparungen als Folge der Finanzkrise kann es allerdings auch vorkommen, dass eine Einrichtung zwischenzeitlich ganz geschlossen ist. Wenn ein Besuch mit langer Anreise verbunden ist, lohnt darum vorab ein kurzer Anruf.

Kleinere **Kirchen** sind außer zur Messe und zu Festen in der Regel verschlossen. Im nächstgelegenen Kafenío liegt aber häufig ein Schlüssel für Besucher bereit. Oder man trifft auf einen hilfsbereiten Popen, der Interessierte herumführt. Generell sollte man jedoch bei einem Kirchen- oder Klosterbesuch die griechische **Siesta** (ca. 14–17 Uhr) beachten.

Postämter sind in der Regel Mo–Fr 7.30–14.30 Uhr, in den Städten ist ein zentrales Hauptpostamt meist auch nachmittags geöffnet.

Banken haben Mo–Do 8–14 und Fr 8–13.30 Uhr geöffnet.

Geschäfte für den Bedarf der Einheimischen sind in den Städten meist Di, Do, Fr 10–14 und 17–21 Uhr geöffnet; Mo, Mi und Sa schließen sie gegen 14 Uhr. **Supermärkte** in den Städten sind von 8–21 Uhr, **Souvenirgeschäfte** und Supermärkte in den Urlaubsorten in der Regel von etwa 9–23 Uhr geöffnet.

Tavernen und **Restaurants** haben in der Regel keine Ruhetage. Sie öffnen meist gegen 11 Uhr und schließen erst nach Mitternacht. Exklusivere Restaurants beginnen häufig erst ab 18 Uhr mit dem Verwöhnen ihrer Gäste.

Post

Postkarten und **Briefe** brauchen von Kreta innerhalb Europas etwa 3–7 Tage. Ihr Versand kostet 1 €. **Briefmarken** bekommt man bei den Postämtern (tachidromío) der griechischen Post (ELTA) und meistens auch in den Geschäften, in denen man die Karten kauft. **Briefkästen** gibt es in allen größeren Orten.

Rauchen und Alkohol

Das Rauchen ist auch in Griechenland in öffentlichen Gebäuden, Flughäfen und Verkehrsmitteln verboten. In Restaurants, Cafés und in vielen kleinen Hotels scheinen sich die Besitzer und somit auch die kretischen Gäste wenig darum zu kümmern. Anstelle eines Aschenbechers gibt es zu später Stunde ein mit Wasser gefülltes Schälchen. Der Kauf und Verzehr von Bier, Wein oder Brandwein ist erlaubt – für Minderjährige allerdings nur in Begleitung eines Vormunds.

Sicherheit

Kreta ist ein beliebtes und sicheres Reiseziel, und die Kreter sind auch über die Landesgrenzen hinaus für ihre Gastfreundschaft bekannt. Als besonders familienfreundliche Menschen freuen sie sich sowohl über große als auch über kleine Besucher. Denn der Tourismus sorgt als wichtigste Einnahmequelle auf der Insel zumindest in der Saison für Tausende Arbeitsstellen, und man möchte natürlich allen Besuchern schöne Urlaubstage ermöglichen.

Alleinreisende Frauen sind keinen besonderen Gefährdungen ausgesetzt, die Kriminalitätsrate ist insgesamt niedrig. Dennoch sollte man wie sonst auch keine **Wertgegenstände** sichtbar im Auto lassen und im Gedränge auf seine Wertsachen achten. **Taschendiebe** gibt es schließlich überall auf der Welt.

Souvenirs

Typische Mitbringsel aus Kreta sind **Holzschnitzarbeiten, Töpferwaren, Stickereien** und **Webteppiche.** Bei den **Textilien** sollte man wissen, dass besonders günstige Teile nicht handgemacht sind, sondern aus China importiert werden. Zu den beliebtesten Souvenirs gehören zudem **Lederwaren** und handgefertigter **Gold-, Silber**- und

Modeschmuck. Unserem Rosenkranz ähnlich sind sogenannte **Kombolói –** Ketten mit Holz-, Glas-, Plastik- oder Bernsteinperlen, die griechische Männer gerne zum Zeitvertreib durch die Finger gleiten lassen. In Andenkenläden gibt es diese Ketten in allen Größen zu kaufen.

Für Modebewusste ist ein gemütlicher Bummel durch die **Kleidungs**- und **Schuhgeschäfte** in den Städten interessant, in denen es häufig auch Waren griechischer Designer gibt.

Die **Ausfuhr** von archäologischen Fundstücken, Antiquitäten und alten Ikonen ist **verboten.** Ersatzweise können Repliken mit nach Hause genommen werden, z. B. aus dem Museumsshop in Réthimno, oder auch neue Ikonen, die es in fast allen Klosterläden sowie in zahlreichen regionalen Werkstätten zu kaufen gibt.

Kulinarische Produkte wie Olivenöl, eingelegte Oliven, Kräuter, Gewürzmischungen oder Thymian-Honig bringen genauso wie eine Flasche Wein oder Raki den Geschmack von Kreta mit in die heimische Gefilde.

Im Blickpunkt

Oliven und Olivenöl

Oliven, besonders die kleinen, würzigen Koronéiki-Oliven, und Olivenöl sind typisch für die Inselküche. Die Geschichte des gesunden Öls reicht bis in die Zeit der Minoer zurück. Heute ist Griechenland einer der drei wichtigsten Olivenölproduzenten Europas und hat mit fast 15 Litern pro Jahr den größten Pro-Kopf-Verbrauch weltweit. Zu den besten Ölen des Landes zählen die »extra nativen Olivenöle« aus den Regionen um Kolymbári nahe Chaniá und um Sitía z. B. aus dem Kloster Toploú.

Sport

Angeln

Angeln ist mit den in Supermärkten erhältlichen Angelschnüren und Angelhaken im Meer erlaubt.

Bungee-Springen

Wem der Bungee-Sprung vom Kran in **Liménas Chersoníssou** (Star Beach Funpark, www.starbeach.gr) noch nicht spektakulär genug ist, der kann sich im Sommer mit Liquid Bungy (www.bungy.gr) in der **Arádena-Schlucht** an Kretas Südküste am Seil 138 m in die Tiefe stürzen. Das ist die höchste Bungee-Brücke in Griechenland und die zweithöchste in ganz Europa.

Golf

Kretas einziger 18-Loch-Golfplatz, der **Crete Golf Club,** liegt bei Chersónissos (www.cretegolfclub.com).

Kanu und Kajak

Kanus und Seekajaks bieten eine besonders schöne Möglichkeit, die einsamen Buchten und spektakulären Felsformationen der kretischen Küste vom Wasser aus zu erkunden. Tagestouren sowie mehrtägige **Kajaktouren** werden z. B. von Enjoy Crete (www.enjoy-crete.com) angeboten.

Klettern

Schroffe Felsen und landschaftlich wie botanisch faszinierende Schluchten lassen das Herz eines jeden Outdoor-Kletterers höherschlagen. **Kletterkurse** und **Kletterabenteuer** bietet z. B. Cretan Outdoor Adventures (www.cretan-outdoor-adventures.com).

Radfahren und Mountainbiking

Auch wenn **Radfahren** auf Kreta immer beliebter wird, sollte man auf stärker befahrenen Straßen nicht mit der Rücksichtnahme von Autofahrern rechnen. Es gibt hier keine ausgewiesenen Radwege, und den Seitenstreifen der Straßen nutzen motorisierte Verkehrsteilnehmer meist für Überholmanöver. Für entspannte Radtouren eignen sich eher wenig befahrene Nebenstraßen. Man sollte also vorab Ortskundige nach geeigneten Strecken fragen oder sich am besten geführten Touren mit dem Rad anschließen.

Für **Mountainbiker** ist Kretas gebirgiges Binnenland mit seinen unasphaltierten Pisten und Pfaden ein ideales Terrain. Anbieter von Leihrädern sowie organisierten Touren gibt es in den meisten größeren Urlaubsorten.

Reiten

Mehrere **Reitställe** haben sich auf die Bedürfnisse von Pferdefreunden eingestellt. So stehen bei vielen Anbietern neben Reitstunden auch Galoppieren am Strand oder anspruchsvolle Mehrtagestreks auf dem Programm.

Schwimmen

Das klare, saubere Meerwasser rund um Kreta eignet sich hervorragend zum Schwimmen. Vorsicht ist bei hohem **Wellengang** geboten. Die **rote Flagge** am Strand bedeutet höchste Gefahr und Badeverbot, die **gelbe Flagge** rät zu erhöhter Vorsicht. Wegen Seeigeln und spitzen Steinen an vielen Stränden sind **Badeschuhe** ratsam, vor allem auch für Kinder. Die meisten größeren Hotels verfügen über **In- und Outdoorpools,** die häufig mit Meerwasser gefüllt werden.

Segeln und Surfen kombiniert: Windsurfen ist auch auf Kreta sehr beliebt

Segeln

Aufgrund unbeständiger Winde und der wenigen guten Marinas sind Segelboote rund um Kreta seltener zu sehen als beispielsweise bei den Kykladen. Immer beliebter werden jedoch kurze Segeltörns, die z.B. von Luxushotels und von Anbietern in Iráklio angeboten werden.

Tauchen und Schnorcheln

Klares Meerwasser und bizarre Felsen machen den Blick unter Wasser rund um Kreta interessant, wiewohl der Artenreichtum eher begrenzt ist. Beliebte **Tauchspots** liegen bei **Paleóchora** im Südwesten und **Eloúnda** im Norden.

Wandern

Die abwechslungsreichen Landschaften und das angenehme Klima, vor allem im Frühjahr und Herbst, machen Kreta zu einem Paradies für Wanderer. Besonders beliebt sind **Schluchtenwanderungen,** bei denen man sich praktisch nicht verlaufen kann. Vorsicht ist allerdings bei Touren im freien Gelände geboten. Häufig sind **Wege**

schlecht ausgeschildert, so mancher Pfad endet im Gestrüpp. Immer ins Gepäck gehören ausreichend Wasser, Proviant, Sonnenschutz und eine Wind-/Regenjacke.

Wind- und Kitesurfen

Der beliebteste Surf-Strand ist **Koureménos** an der Ostküste bei Palékastro. Auch an den meisten Stränden im Norden kann man Bretter leihen und Unterricht nehmen.

Sprache

Für das Griechische existiert kein einheitliches **Transkriptionssystem,** daher werden griechische Bezeichnungen in lateinischer Schrift uneinheitlich wiedergegeben. Im Navigationsgerät bzw. bei Google muss man deshalb manchmal ein wenig suchen (und häufig auch die Akzente weglassen). Iráklio kann auch Heraklion, Heraklio, Iraklion etc. geschrieben werden, Chersónissos findet man auch als Chersonisos oder Hersonissos. Abweichungen von den in diesem Buch verwendeten Schreibweisen sind also nichts Ungewöhnliches.

Die **Akzente** bei griechischen Begriffen werden verwendet, um eine richtige Betonung zu vereinfachen.

Die **Orts- und Hinweisschilder** vor Ort sind meist in griechischer und lateinischer Schrift abgefasst. Kreter sprechen oft Englisch, freuen sich aber über jeden Gast, der es zumindest mit ein bisschen Griechisch versucht.

Strom und Steckdose

Die elektrische Spannung in Griechenland beträgt wie in Deutschland **220 Volt** Wechselstrom. Die **deutschen Stecker** passen in die Steckdosen.

Taxi

Die Preise für bestimmte Strecken, z. B. Flughafen–Iráklio oder Flughafen–Chaniá, wurden behördlich festgelegt und sind an den Taxiständen am Flughafen ausgehängt. Generell sollte das **Taxameter** eingeschaltet sein. Bei weiteren Strecken einigt man sich besser vorab auf einen **Festpreis.**

Telefon und Internet

Alle griechischen **Telefonnummern** sind zehnstellig. Da die Ortsvorwahlen in die Telefonnummern integriert wurden, muss nichts zusätzlich gewählt werden. **Mobil-Nummern** beginnen stets mit einer 6, Festnetznummern mit einer 2.

Telefonzellen findet man kaum noch. Das Telefonieren mit dem **Mobiltelefon** ist unproblematisch und kostet dank EU-Roaming meist genauso viel wie zuhause. Die Flächenabdeckung im Mobilfunk ist bis auf wenige Bergregionen ausgezeichnet. Die griechischen Telefongesellschaften **Cosmote, Wind** und **Vodafone,** die es in allen Städten gibt, verkaufen bei einer Registrierung des Personalausweises Prepaid-Karten für Handys.

Internationale Vorwahlen:

- Griechenland 00 30
- Deutschland 00 49
- Österreich 00 43
- Schweiz 00 41

In allen Großstädten sowie den Badeorten gibt es Internetcafés. In Cafés und Restaurants, auch in kleinen Orten, gibt es fast immer kostenloses WLAN (WiFi). Auch fast alle Unterkünfte bieten diesen Service kostenlos an.

Trinkgeld

Wie in Deutschland ist auch auf Kreta Trinkgeld in Höhe von **10 Prozent** im **Café** oder **Restaurant** für einen guten Service üblich. Die Griechen lassen sich das Wechselgeld meist zurückgeben, das Trinkgeld bleibt dann auf dem Tisch liegen. Auch **Zimmermädchen** und **Gepäckträger** im Hotel sowie die **Fremdenführer** freuen sich über ein kleines Trinkgeld.

Umgangsformen

In Dörfern und Klöstern erlebt man oft noch die typisch kretische **Gastfreundschaft,** wenn man sich auch selbst freundlich, offen und interessiert zeigt. Wer einen Kreter **fotografieren** möchte, sollte zuvor höflich um Erlaubnis fragen. Möchte man sich für etwas **bedanken,** greift man auf eine Einladung zu Kaffee, Raki oder zum Essen oder ein Geschenk zurück. Geld zu geben kann als eine **Beleidigung** angesehen werden. Besonders in kleinen Dörfern oder in freier Natur gehört das **Grüßen** von Fremden einfach dazu.

Der **Kleidungsstil** der Kreter ist zwanglos. Touristen sollten in Städten und Dörfern allerdings nicht halb nackt durch die Straßen laufen und in Tavernen und Cafés etwas drüberziehen. In den Touristenorten ist man an jegliche Art der Bekleidung gewohnt. In gehobenen Einrichtungen wird etwas schickeres Auftreten erwartet. Klöster und Kirchen freizügig zu betreten ist tabu. Dort sollte die Kleidung sittsam, Schultern und Knie sollten bedeckt sein.

FKK ist an griechischen Stränden offiziell verboten. Dennoch gibt es kleine Buchten, in denen sich Nacktbader gerne treffen und toleriert werden.

Unterkunft und Hotels

Camping

Wildes Campen ist offiziell verboten und kann mit hohen Geldstrafen geahndet werden. Über die Insel verteilt gibt es 14 **Campingplätze,** die meist von Mai bis Oktober geöffnet haben. Eine **Liste** gibt es bei der Panhellenic Camping Association (www.greececamping.gr).

Beschreibungen geprüfter Campingplätze bieten der jährlich aktualisierte **ADAC Campingführer** sowie der **ADAC Stellplatzführer** (www.campingfuehrer.adac.de). Die jeweiligen Inhalte gibt es auch als App in den Appstores von Apple und Google.

Ferienwohnungen und -häuser

Ideal für Selbstversorger ist das breite Angebot an **Ferienwohnungen** (diamerísmata) und **Studios** (garsoniéres), deren Ausstattung von einfach bis luxuriös variiert. Das Angebot an **Ferienhäusern** und **Villen** steigt stetig. In den ländlichen Regionen stehen den Urlaubern stilvoll restaurierte **Dorfhäuser** zur Verfügung, an der Küste ist die Auswahl an **Bungalows** und Ferienhäusern auch für Familien mit Kindern sehr groß. Während der Hochsaison empfiehlt sich rechtzeitige Buchung.

Hotels

Bei der **Buchung** von Hotels lohnt es sich, die Preise von Reiseveranstaltern mit den von den Hotels angebotenen Preisen zu vergleichen. Bei der Hotelsuche hat man die Wahl zwischen **Zimmer mit Frühstück** oder **Halbpension,** in größeren Anlagen auch **All-inclusive.** Die Hotels sind nach dem gängigen Fünf-Sterne-System klassifiziert. In den Urlaubsorten schließen sie in

den Wintermonaten. In der **Nebensaison** werden Zimmer oft zu stark vergünstigten Preisen angeboten.
Strandhotels unterschiedlicher Standards gibt es zumeist an der Nordküste. In Chaniá oder Réthimno findet man viele kleine **Boutique-Hotels** in hervorragend restaurierten, hübsch eingerichteten Altstadthäusern, im Binnenland erlebenswerte **Agrotourismus-Hotels.**

Privatzimmer

Auf Kreta vermieten so gut wie überall Familien zu günstigen Preisen einfache **Zimmer** (domátia) und **Apartments** mit Küchenzeile. Gehobene Ansprüche sind hier fehl am Platz, doch Sauberkeit und eine Klimaanlage gehören in der Regel zum Standard. Buchen kann man Privatzimmer sowohl vor Ort als auch im Internet unter www.airbnb.de.

Übernachtungssteuer

Pro Nacht und Zimmer ist eine Gästesteuer fällig, die vor Ort meist extra zu entrichten ist: Apartments, Ein- und Zwei-Sterne-Hotels 0,50 €, Drei-Sterne-Hotels 1,50 €, Vier-Sterne-Hotels 3 € und Fünf-Sterne-Hotels 4 €.

Verkehrsmittel auf der Insel

Bus

Fernbusse verbinden regelmäßig die Städte untereinander sowie mit größeren Orten. **Tickets** kauft man vor der Abfahrt in Kiosken, am Busbahnhof oder beim Busfahrer (Kleingeld bereithalten).
Fahrpläne und **-preise** erfährt man bei örtlichen Touristen-Informationsbüros und an Busbahnhöfen. Im Internet kann man sich auch in deutscher Sprache über wichtige Verbindungen informieren: unter www.e-ktel.com für Westkreta und unter www.ktelherlas.gr für Ost- wie für Zentralkreta.
Die **Stadtbusse** von Iráklio (www.astiko-irakleiou.gr) und Chaniá (www.chaniabus.gr) verkehren in den Städten selbst und verbinden diese mit den Flughäfen wie mit den umliegenden Strandhotels. Ihre Fahrzeiten erfragt man an der Rezeption des Hotels.

ADAC Spartipp

Bis zum Ausbruch der Finanzkrise war **Benzin** in Griechenland günstiger als bei uns. Inzwischen ist der Sprit in Griechenland aufgrund der Steuererhöhungen teurer. Wer mit einem Mietwagen unterwegs ist und viele Kilometer im Hinterland fahren möchte, tankt am besten vorher in den Ballungszentren, also in Städten und Urlaubsorten. Dort ist es meist günstiger als an den Tankstellen in abgelegenen Regionen.

Mietwagen

An den Flughäfen von Iráklio und Chaniá, in den Inselstädten und in touristischen Zentren können Urlauber **Autos, Motorräder** oder **Roller** mieten. Allerdings muss man dafür mindestens **21 Jahre** alt sein und den **Führerschein** länger als **zwölf Monate** besitzen. Für die Anmietung wird neben dem Führerschein oft eine **Kreditkarte** als Sicherheit benötigt.
Vor Vertragsabschluss sollte man den Wagen sorgfältig prüfen (Schäden, Bremsen, Reifenprofil ...). Neben lokalen, oft billigeren Autoverleihern unterhalten alle internationalen Firmen Niederlassungen auf Kreta. Für Mitglieder bietet die **ADAC Autovermietung** günstige Konditionen an.

Buchungen über adac.de/autovermietung, die ADAC Geschäftsstellen oder unter Tel. 089/76 76 20 99. Die meisten **Straßen** der Insel befinden sich in gutem Zustand. Allerdings sollte man im gebirgigen Binnenland pro Tag höchstens 100–150 Fahrkilometer einplanen.

Schiff und Taxiboot

Von Iráklio und je nach Saison von Réthimno und Ágios Nikólaos aus werden im Sommer täglich ein- bis zweitägige **Schiffsreisen** auf die Kykladeninsel Santorin angeboten. Wer lieber individuell nach Santorin fahren möchte, kann bei **Minoan Lines** (www.minoan.gr) oder bei **Seajets** (www.seajets.gr) Tickets für die Katamarane buchen.

Im Südwesten Kretas sind die Küstenorte oft nicht durch Straßen verbunden. Stattdessen verkehren mehrmals wöchentlich **Fähren** der kretischen **Anendyk Line** (www.anendyk.gr) zwischen Paleóchora, Soúgia, Agía Rouméli, Loutró und Chóra Sfakíon. Abgelegene Strände erreicht man dort am besten mit dem **Taxiboot.** Inseln wie Spinalónga, Gávdos, Ímeri Gramvoússa und Koufoníssi steuert man mit **Ausflugsbooten** an, das Iráklio vorgelagerte Felseiland Día mit **Segelbooten**.

Zeitverschiebung

Auf Kreta gilt die **Osteuropäische Zeit (MEZ + 1 Std.)**, sodass es ganzjährig eine Stunde später ist als in Deutschland. Die Uhren werden wie bei uns auf Sommer- und Winterzeit umgestellt.

Zollbestimmungen

Es ist verboten, **Antiquitäten** zu erwerben und aus Griechenland auszuführen! Der Besitz von **Verteidigungssprays** (»Pfeffersprays«) ist grundsätzlich verboten. Zwischen EU-Ländern ist der persönliche **Reisebedarf** abgabenfrei. **Richtmengen** für den privaten Verbrauch: 800 Zigaretten, 400 Zigarillos, 200 Zigarren, 1 kg Rauchtabak, 10 l Spirituosen, 10 l alkoholhaltige Süßgetränke (Alkopops), 20 l andere alkoholische Getränke bis 22 % Vol., 60 l Schaumwein, 110 l Bier, 10 kg Kaffee. **Infos:** www.zoll.de bzw. www.bmf.gv.at/zoll

Bei der **Einreise in die Schweiz** bleiben Waren im Gesamtwert von unter 300 CHF zollfrei (inkl. Alkohol und Tabak). Auch hier müssen **Freimengen** beachtet werden. Beschränkt ist außerdem die Mitnahme von Lebensmitteln. **Infos:** www.ezv.admin.ch

Mit dem Ausflugsboot unterwegs von Ágios Nikólaos nach Spinalónga

Die Geschichte Kretas

6800–3200 v. Chr. Kreta wird besiedelt.

3200–2100 v. Chr. In der Vorpalastzeit bildet sich die erste eigenständige Kultur. Sie wird »minoisch« genannt.

2100–1700 v. Chr. In der Altpalastzeit entstehen Machtzentren in Form labyrinthartiger Paläste. Sie werden von Erdbeben zerstört.

1700–1450 v. Chr. Die Neupalastzeit ist Blütezeit der minoischen Kultur. Neue Paläste werden prächtiger, die Linear-A-Schrift entwickelt sich. Naturkatastrophen beenden die Ära.

1450–1100 v. Chr. In der Nachpalastzeit wird Kreta von Mykenern besetzt. Sie führen die Linear-B-Schrift ein.

1100–7. Jh. v. Chr. Dorer wandern ein und gründen Stadtstaaten.

6.–1. Jh. v. Chr. In der Archaik, Klassik und im Hellenismus ist Kreta nahezu bedeutungslos.

67 v. Chr.–395 Kreta wird römische Provinz. Hauptstadt ist Gortis.

395–826 Teilung des Römischen Reichs. Kreta wird dem Byzantinischen Reich mit der Hauptstadt Konstantinopel (dem heutigen Istanbul) zugesprochen.

826–961 Araber (Sarazenen) auf Kreta.

961–1204 Feldherr Nikifóros Fokás erobert Kreta zurück und leitet die zweite byzantinische Periode ein.

1204–1669 Kreta kommt unter die Herrschaft von Venedig.

1645–1669 Die Osmanen erobern Chaniá, später Réthimno und nach 21-jähriger Belagerung Iráklio.

1669–1898 Mit Gründung der griechischen Republik 1830 wird der Widerstand gegen die Türken größer.

1898–1913 Unter dem Schutz der Großmächte wird Kreta autonom, aber vom Hochkommissar Prinz Georg regiert.

Die Ruinen der Titus-Basilika zeugen von der Zeit, als Kreta römische Provinz war

1913 Vereinigung Kretas mit Griechenland.

1914–1918 Im Ersten Weltkrieg schließt sich Griechenland 1917 den Alliierten an.

1941–1945 Die deutsche Wehrmacht bringt Kreta Repressionen und grauenhafte Vergeltungsmaßnahmen, auch gegen die Zivilbevölkerung.

1946–1949 Der griechische Bürgerkrieg zwischen Kommunisten und Royalisten endet mit der Wiedereinführung der Monarchie.

1967–1974 Griechenland wird zur Militärdiktatur. Bei der Volksabstimmung **1974** wird die Republik als Staatsform gewählt.

1981 Griechenland wird Mitglied der EWG (EU).

2002 Griechenland führt den Euro ein.

2010–2018 Die Bankenkrise trifft die Bevölkerung hart. Die Schulden zwingen die Regierung zu rigorosen Sparmaßnahmen. Um zahlungsfähig zu bleiben, erhält das Land von EU und IWF Kredite in Milliardenhöhe.

2019 Die Parlamentswahl gewinnt die Néa Dimokratía. Ministerpräsident wird Kyriákos Mitsotákis.

2022 Griechenland hat die Corona-Krise recht gut überstanden. Der Tourismus zieht wieder deutlich an.

Griechisch für die Reise

Das Wichtigste in Kürze	Aussprache	Griechisch
Ja/Nein	né/óchi	ναι/όχι
Bitte/Danke	parakaló/efcharistó	παρακαλώ/ευχαριστώ
Hallo!/Auf Wiedersehen!	Jássas!/Andío!	Γειά σας!/ Αντίο!
Guten Morgen!/Guten Tag!	Kaliméra!/Kalispéra!	Καλημέρα!/Καλησπέρα!
Guten Abend/Gute Nacht	Kalispéra!/Kaliníchta!	Καλησπέρα!/ Καληνύχτα!
Mein Name ist ...	To ónoma mu íne ...	Το όνομα μου είναι ...
Entschuldigung!	Signómi	Συγνώμη!
Achtung!/Vorsicht!	Prossochí!	Προσοχή!
Ich verstehe Sie nicht	δen sas katalawéno	Δεν σας καταλαβαίνω
Wie viel kostet das?	Pósso koss-tísi aftó?	Πόσο κοστίζει αυτό;
Damen/Herren	Ginekón/Andrón	Γυναικών/Αντρών
geöffnet/geschlossen	anichtó/klistó	ανοιχτό/κλειστό
gestern/heute/morgen	chtés/símera/áwrio	χτές/σήμερα/αύριο
Wo ist ...?	Pú íne ...?	Που είναι ...?
Ist das der Weg nach ...?	Aftós íne o δrómos giá ...?	Αυτός είναι ο δρόμος για ...?
Ich möchte ...	Θélo ...	Θέλω ...
Die Rechnung, bitte!	Ton logariasmó, parakaló!	Τον λογαριασμό, παρακαλώ!
Auto	aftokínito	αυτοκίνητο
Tankstelle	wensináδiko	βενζινάδικο
Super/Diesel	súper/dísel	σούπερ/ντίζελ
bleifrei	amóliwδi	αμόλυβδη
Panne	wláwi	βλάβη

Wochentage

Montag/Dienstag	δeftéra/Tríti	Δευτέρα/Τρίτη
Mittwoch/Donnerstag	Tetárti/Pémpti	Τετάρτη/Πέμπτη
Freitag/Samstag	Paraskewí/Sáwwato	Παρασκευή/Σάββατο
Sonntag	Kiriakí	Κυριακή

Monate

Januar/Februar	Ianuários/Fewruários	Ιανουάριος/Φεβρουάριος
März/April	Mártios/Aprílios	Μάρτιος/Απρίλιος
Mai/Juni	Máios/Iúnios	Μάιος/Ιούνιος
Juli/August	Iúlios/Áwgustos	Ιούλιος/Αύγουστος
September/Oktober	Septémwrios/Októwrios	Σεπτέμβριος/Οκτώβριος
November/Dezember	Noémwrios/δekémwrios	Νοέμβριος/Δεκέμβριος

Zahlen

1 éna ένα	4 téssera τέσσερα	7 eftá εφτά	10 δéka δέκα
2 δío δύο	5 pénde πέντε	8 ochtó οχτώ	100 ekató εκατό
3 tría τρία	6 éxi έξι	9 enniá εννιά	1000 chília χίλια

Hinweise zur Aussprache

Θ wie englisches »th« in »thanks«, mit der Zungenspitze hinter den Zähnen

δ wie englisches »th« in »the«, mit der Zungenspitze zwischen den Zähnen

´ der Buchstabe mit Akzent wird betont

Alle Blickpunkt-Themen in diesem Band:

Register

Bildnachweis
Titel: Preveli-Strand
Foto: **Shutterstock.com** (Eva Bocek)
Rücktitel: links: **Shutterstock.com** (Dmitry Naumov); rechts: **Jahreszeiten Verlag** (A. F. Selbach)

Adobe Stock: barabasone 2/3; Mickletos 30; windu 50; h368k742 62 – **age fotostock/Lookphotos:** 144.1 – **Alamy Stock Foto:** PjrTravel 21; AegeanPhoto 22; D. Williams 43; P. Horree 85 – **Eva Fishing Trips Elounda:** 3.2 – **Fotolia:** P. Kosmider 14/15 – **getty Images:** M. Lange 57 – **Huber Images:** R. Schmid 3.1; SIME/Luca Da Ros 67; SIME/G. Simeone 113, 119 – **Jahreszeitenverlag:** S. Kuttig 6/7, 8, 58, 115 – **Klio Verigou:** 7.2, 11.2, 11.3, 13.1, 72, 99.1 – **mauritius images:** Prisma/H. Christian 11.2, 38, 93, 111; Hackenberg-Photo-Cologne/Alamy 12.2, 13.2, 59, 74; Rainer Hackenberg 25; E. James/Alamy 26; H. Milas/Alamy 36; Hemis.fr 76; R. Knauer/Alamy 90; G. Guarino Photo/Alamy 102 – **Seasons Agency:** Jalag/Arthur F. Selbach 9, 95, 126 – **Shutterstock.com:** Nick Brundle Photography 2; Tsichlis 4.2, 12.1., 12.3, 13.1, 81, 87, 91, 99.2, 106/107, 109; beerkoff 4.1; G: lornet 7.1; Luxerendering 10.1, 88/89; a. petrakis 10.2, 55; K. Alexey 11.1, 37; Mildax 18/19; Gimas 24; PROSIGN 28/29; Vladimir1984 31, 73; Dziewul 34; Pecold 45.1; C. Wojtkowski 45.2; A. Pozharskiy 45.3; eFesenko 46/47; zloitapok 53; C. Badkin 60; O. Gavrilova 68/69; Banet 78; A. Chygarev 79; V. Rauch 82; Pecold 83; Gimas 84; TalyaPhoto 100/101; serg_dibrova 105; Katvic 110; O. Gavrilova 131; R. Ageev 135; A. Nekrassov 136

ADAC

Markenlizenz der ADAC Medien und Reise GmbH, München

ISBN 978-3-98645-041-0

1. Auflage 2023

Autorinnen: Klio Verigou, Cornelia Hübler
Redaktion: Juliane Helf, Susanne Kronester-Ritter
Lektorat und Satz: Gudrun Raether-Klünker, Thomas Rach, www.bintang-berlin.de
Bildredaktion: Dr. Nafsika Mylona
Reihengestaltung: Eva Stadler, München; Independent Medien Design, Horst Moser, München
Kartografie: Kunth Verlag GmbH & Co. KG, München, Huber Kartographie GmbH, www.kartographie.de
Herstellung: Felix Robitsch, Mendy Willerich
Druck + Bindung: Drukarnia Dimograf Sp z o. o. (Polen)

GRÄFE UND UNZER

Ein Unternehmen der
GANSKE VERLAGSGRUPPE

Wichtiger Hinweis
Die Daten und Fakten für dieses Werk wurden mit äußerster Sorgfalt recherchiert und geprüft. Wir weisen jedoch darauf hin, dass diese Angaben häufig Veränderungen unterworfen sind und inhaltliche Fehler oder Auslassungen nicht völlig auszuschließen sind, zumal zum Zeitpunkt der Drucklegung die Auswirkungen von Covid-19 auf das Hotel- und Gastgewerbe vor Ort noch nicht vollständig abzusehen waren. Für eventuelle Fehler oder Auslassungen können Gräfe und Unzer, die ADAC Medien und Reise GmbH sowie deren Mitarbeiter und die Autoren keinerlei Verpflichtung und Haftung übernehmen. Alle Inhalte im Buch wenden sich an und gelten für alle Geschlechter (w/m/d). Soweit grammatikalisch männliche, weibliche oder neutrale Personenbezeichnungen verwendet werden, dient dies allein der besseren Lesbarkeit.

Ansprechpartner für den Anzeigenverkauf:
KV Kommunalverlag GmbH & Co. KG,
MediaCenter München, Tel. 089/928 09 60

Bei Interesse an maßgeschneiderten B2B-Produkten:
b2b-kontakt@graefe-und-unzer.de

Leserservice
GRÄFE UND UNZER Verlag
Grillparzerstraße 12
81675 München
www.graefe-und-unzer.de

Umwelthinweis
Nachhaltigkeit ist uns sehr wichtig. Der Rohstoff Papier ist in der Buchproduktion hierfür von entscheidender Bedeutung. Daher ist dieses Buch auf PEFC-zertifiziertem Papier gedruckt. PEFC garantiert, dass ökologische, soziale und ökonomische Aspekte in der Verarbeitungskette unabhängig überwacht werden und lückenlos nachvollziehbar sind.

Unterwegs auf Kreta

Pferdekutsche

Chaniá bietet eine tolle Kulisse für eine Fahrt mit einer Pferdedroschke. Fahrten an heißen Tagen und zur Mittagszeit sollten aber zum Wohl der Tiere vermieden werden.

■ Kontakt auf S. 24

Fahrrad

Insbesondere unerfahrene Radfahrer sollten sich auf Kreta einer geführten Tour anschließen. Fahrradwege gibt es nämlich nicht. Dafür bieten Veranstalter Mountainbike-Ausflüge unterschiedlicher Schwierigkeitsgrade auf tollen Off-Road-Strecken an.

■ Details auf S. 131

Segway

Chaniá und Réthimno schneller erkunden als andere? Mit einem Segway können Sie diese beiden Städte – sogar bei Nacht – mal auf eine ganz andere Art entdecken.

■ Kontakt in Chaniá auf S. 25, für Réthimno: www.bestride.gr

Minizüge

Sie möchten ohne Auto vom Strand ins Hinterland? In vielen Urlaubsorten geht das mit einem Minizug auf Gummirädern (trenáki), z.B. in der Bucht von Chaniá oder in Eloúnda.

■ www.funtrain.gr, www.littletraintours.gr

Auto und Bus

Um Kreta ganz genau zu erkunden, ist ein Mietwagen zu empfehlen. Einiges lässt sich aber auch per Bus gut erreichen. Verbindungen gibt es zwischen den Städten und den benachbarten Urlaubsorten, von Stadt zu Stadt sowie von dort zu den wichtigsten Sehenswürdigkeiten (z.B. zwischen Chaniá und Elafoníssi oder zwischen Iráklio und Knossós).

Reisen in Corona-Zeiten

Liebe Leserin, lieber Leser, durch die langen pandemiebedingten Einschränkungen im Hotel- und Gastronomiegewerbe können wir nicht ausschließen, dass einige der im Buch empfohlenen Adressen zum Zeitpunkt Ihrer Reise nicht mehr aktuell sind. Wenn Sie trotz unserer Bemühungen um Aktualität eine solche Adresse finden, teilen Sie uns diese bitte mit. Wir belohnen jede in die nächste Auflage aufgenommene Korrektur mit **einem kostenlosen Reiseführer Ihrer Wahl**. Zuschriften bitte an: adac@graefe-und-unzer.de